本书系深圳市哲学社会科学规划项目《深圳在丰富"一国两制"新实践中的先行示范作用研究》（项目号：SZ2020B020）与深圳市坪山区石井街道办《党建引领基层治理课题研究》项目的阶段性成果。

| 光明社科文库 |

新时代城市街道治理现代化的深圳样本
以坪山区石井街道办为例

赖明明　谷耀宝◎著

光明日报出版社

图书在版编目（CIP）数据

新时代城市街道治理现代化的深圳样本：以坪山区石井街道办为例 / 赖明明，谷耀宝著 . -- 北京：光明日报出版社，2024.1
　ISBN 978 - 7 - 5194 - 7770 - 7

Ⅰ. ①新… Ⅱ. ①赖… ②谷… Ⅲ. ①城市道路—现代化管理—研究—深圳 Ⅳ. ①F299.276.53

中国国家版本馆 CIP 数据核字（2024）第 040406 号

新时代城市街道治理现代化的深圳样本：以坪山区石井街道办为例
XINSHIDAI CHENGSHI JIEDAO ZHILI XIANDAIHUA DE SHENZHEN YANGBEN：YI PINGSHANQU SHIJING JIEDAOBAN WELI

著　　者：赖明明　谷耀宝	
责任编辑：刘兴华	责任校对：宋悦　乔宇佳
封面设计：中联华文	责任印制：曹　净

出版发行：光明日报出版社
地　　址：北京市西城区永安路 106 号，100050
电　　话：010-63169890（咨询），010-63131930（邮购）
传　　真：010-63131930
网　　址：http://book.gmw.cn
E - mail：gmrbcbs@gmw.cn
法律顾问：北京市兰台律师事务所龚柳方律师
印　　刷：三河市华东印刷有限公司
装　　订：三河市华东印刷有限公司
本书如有破损、缺页、装订错误，请与本社联系调换，电话：010-63131930
开　　本：170mm×240mm
字　　数：135 千字　　　　　　　　印　　张：10.5
版　　次：2024 年 1 月第 1 版　　　　印　　次：2024 年 1 月第 1 次印刷
书　　号：ISBN 978 - 7 - 5194 - 7770 - 7
定　　价：85.00 元

版权所有　翻印必究

前　言

"宰相必起于州部，猛将必发于卒武"这句话寓意人才要经过基层的历练。如果把基层看作国家治理体系的基础，那么街道办就是政令自上而下通达基层的"神经末梢"。2004年10月27日第十届全国人民代表大会常务委员会第十二次会议修正了《中华人民共和国地方各级人民代表大会和地方各级人民政府组织法》，其中第六十八条规定：市辖区、不设区的市的人民政府，经上一级人民政府批准，可以设立若干街道办事处，作为它的派出机关。作为派出机关的街道办发挥着"最后一公里"的重要作用。所谓"最后一公里"，原意是指完成长途跋涉的最后一段里程，一般也被引申为任务执行的最后一个关键环节。正所谓"行百里者半九十"，越是接近目标，往往难度越大，更加要求竭尽全力。龟兔赛跑中的兔子就是在"最后一公里"中昏睡而落败了。

本书是研究街道办治理的专著，探索在国家治理体系中街道办的功能与作用，包括街道办治理的措施方法、治理模式、机制创新和街道办治理的规律。同时，通过将街道办的治理重点设置在党建引领下来更好地在我国社会管理体制和治理能力现代化的大环境下开展研究，以及通过对中国特色社会主义建设先行示范区深圳坪山石井街道办治理情况的深入研究，尝试向读者呈现新时代城市街道治理现代化的深圳样本。本书通过如下三个维度架构起来。

第一，国家治理维度。首先，街道办的事务不是油盐酱醋、鸡毛蒜皮的"小事"，而是在国家治理体系"最后一公里"环节中"上情下达"的关键。《管子·明法》："下情不上通，谓之塞。"国家治理要畅顺，政令要畅通，就不能堵塞在"最后一公里"。而打通"最后一公里"的瓶颈，既要让上级的政令贯彻落实到每一位基层群众，又要让基层群众的愿望与呼声准确无误地传递到上级，街道办在其中扮演着重要的角色。街道办治理体系的现代化是国家治理体系现代化的组成部分，街道办治理能力的现代化也体现了国家治理现代化的发展水平。

第二，现代化维度。现代化是指工业生产革命时期人类所出现的重大变化，而现代化的发展进程同时也是指中国传统农业经济向现代工业经济、中国传统社会向现代社会、中国传统政治制度向现代政治制度、中国传统社会发展向现代社会发展转化的进程。从根本上讲，现代化应当是"软""硬"结合的现代化。所谓"硬"就是指科学技术与生产力，所谓"软"就是指治理体系与治理能力。从"软"的视角看现代化，街道办基层治理体系与治理能力的现代化具有"两化三性"。"两化"是指法治化、常态化；"三性"是指人民性、公平性、效率性。推动街道办治理体系与治理能力现代化，与推动法治中国建设、落实以人民为中心的治国理政理念、构建全过程人民民主同频共振。

第三，先行示范区维度。深圳既是经济特区，又是中国特色社会主义先行示范区。《中共中央、国务院关于支持深圳建设中国特色社会主义先行示范区的意见》是为了支持深圳建设中国特色社会主义先行示范区而制定的。所谓"中国特色社会主义先行示范区"就是赋能深圳经济特区，要求深圳在改革开放和建设中国特色社会主义过程中，先行先试，发挥表率作用、示范作用、引领作用。深圳除了在高科技发展、对外开放水平、高质量经济体系建设、卓越营商环境营造等领域要走在全国前列，包括街道办治理在内的城市治理也要走在全国前列。街道办治理往往是一个城市治理系统中的"短板",因此,要全面提高城市治理能力,必须补齐这个"短板",探索街道办治理体系与治理能力现代化,是深圳先行示范的重要领域。深圳要建成高质量发展高地、法治城市示范、城市文明典范、民生幸福标杆、可持续发展先锋,街道办不可缺位,对街道办治理体系与治理能力的研究应该重视。

赖明明　谷耀宝

目 录
CONTENTS

第一章 国家治理现代化与新时代城市街道治理 ················ 1
  第一节 国家治理现代化提出的历程与背景 ················ 1
  第二节 国家治理现代化与城市街道治理 ················ 9
  本章小结 ················ 36

第二章 中国特色社会主义先行示范区深圳的使命 ················ 37
  第一节 中国特色社会主义先行示范区提出的历程与背景 ······ 38
  第二节 中国特色社会主义先行示范区对深圳提出的目标与使命
    ················ 44
  本章小结 ················ 50

第三章 石井街道治理环境与条件分析 ················ 51
  第一节 石井街道办概况及基本职能 ················ 51
  第二节 石井街道办推进治理现代化面临的问题挑战 ·········· 63
  本章小结 ················ 76

第四章　石井街道治理实践探索与机制创新　77
第一节　党建引领街道治理机制的实践探索　77
第二节　街道办治理的机制创新　104
本章小结　114

第五章　石井街道办治理的文化力量与品牌亮点　116
第一节　街道办治理的文化力量　116
第二节　街道办治理的创新品牌　128
本章小结　136

第六章　石井街道办治理现代化的标准与规律　138
第一节　街道办现代化治理的标准　138
第二节　街道办治理现代化的规律　145
本章小结　152

参考文献　153
后　记　157

第一章

国家治理现代化与新时代城市街道治理

国家治理现代化，即国家治理体系和治理能力现代化。推进国家治理现代化是以习近平同志为核心的党中央，坚持马克思主义唯物史观，在深刻总结国内外正反两方面经验的基础上，立足"两个大局"，基于新的历史方位，提出的重大战略举措和治国理政的基本方略。新时代新征程，随着城镇化和新型城市的不断发展，城市街道治理作为国家治理的重要领域，其重要性也越发凸显。

第一节 国家治理现代化提出的历程与背景

当今世界正经历百年未有之大变局，而我国也正处于实现中华民族伟大复兴的关键时期。为了有效应对前进道路上的各种风险挑战，顺利实现党和国家的奋斗目标。党的十八届三中全会提出把"完善和发展中国特色社会主义制度，推进国家治理体系和治理能力现代化"确立为全面深化改革的总目标。党的十九届四中全会《中共中央关于坚持和完善中国特色社会主义制度、推进国家治理体系和治理能力现代化若干重大问题的决定》进一步指出实现这一总目标的战略安排，即"坚持和完善中国特色社会主义制度、推进国家治理体系和治理能力现代化的总体目标是，到我们党成立一百年时，在各方面制度更加成熟更加定型上取得明显成效；到二〇三五年，各方面制度更加完善，基本实现国家治理体系和治理能力现代化；到新中国成立一百年时，全面实现国家治理体系和治理能力现代化，使中国特色社会主义制度更加巩固、优越性充分展现。"①

一、国家治理现代化提出的历程

2007年党的十七大报告强调：以保证人民当家做主为根本，以增强党和国家活力、调动人民积极性为目标，坚持党总揽全局、协调各方的领导核心作用，提高党科学执政、民主执政、依法执政水平，推进社会主义民主政治制度化、规范化、程序化。

2013年11月，党的十八届三中全会召开，会议以"全面深化改革"为主要议题，通过了《中共中央关于全面深化改革若干重大问题的决定》，把"完善和发展中国特色社会主义制度，推进国家治理体系和治理能力现代化"纳入全面深化改革的总目标，把"推进国家治理体系和治理能力现代化"提升到完善和发展中国特色社会主义制度的高度。

2014年10月召开的十八届四中全会对坚持走中国特色社会主义法治道路，建设中国特色社会主义法治国家，做出了全方位的制度安排，指出全面推进依法治国是促进国家治理体系和治理能力现代化建设的最重要途径。

2017年10月，党的十九大报告强调指出："全面深化改革总目标是完善和发展中国特色社会主义制度、推进国家治理体系和治理能力现代化。"同时指出："必须坚持和完善中国特色社会主义制度，不断推进国家治理体系和治理能力现代化，坚决破除一切不合时宜的思想观念和体制机制弊端，突破利益固化的藩篱，吸收人类文明有益成果，构建

---

① 中国共产党第十九届中央委员会第四次全体会议公报［M］.北京：人民出版社，2019：8.

系统完备、科学规范、运行有效的制度体系，充分发挥我国社会主义制度优越性。"① 在党的十九大上通过的修改后的《中国共产党章程》中也明确指出："要全面深化改革，完善和发展中国特色社会主义制度，推进国家治理体系和治理能力现代化。"

2019年10月，党的十九届四中全会召开，通过了《中共中央关于坚持和完善中国特色社会主义制度、推进国家治理体系和治理能力现代化若干重大问题的决定》，提出了坚持和完善中国特色社会主义制度、推进国家治理体系和治理能力现代化的总体目标。习近平总书记强调："坚持和完善中国特色社会主义制度、推进国家治理体系和治理能力现代化，是关系党和国家事业兴旺发达、国家长治久安、人民幸福安康的重大问题。党中央决定用一次全会就这个重大问题进行研究部署，是从政治上、全局上、战略上全面考量，立足当前、着眼长远做出的重大决策。"②

另外，这次全会还系统总结了我国国家制度和国家治理体系的13个显著优势。第一，坚持党的集中统一领导，坚持党的科学理论，保持政治稳定，确保国家始终沿着社会主义方向前进的显著优势；第二，坚持人民当家作主，发展人民民主，密切联系群众，紧紧依靠人民推动国家发展的显著优势；第三，坚持全面依法治国，建设社会主义法治国家，切实保障社会公平正义和人民权利的显著优势；第四，坚持全国一盘棋，调动各方面积极性，集中力量办大事的显著优势；第五，坚持各民族一律平等，铸牢中华民族共同体意识，实现共同团结奋斗、共同繁荣发展的显著优势；第六，坚持公有制为主体、多种所有制经济共同发展和按劳分配为主体、多种分配方式并存，把社会主义制度和市场经济

---

① 习近平.决胜全面建成小康社会 夺取新时代中国特色社会主义伟大胜利——在中国共产党第十九次全国代表大会上的报告[M].北京：人民出版社，2017：21.
② 习近平.习近平谈治国理政：第三卷[M].北京：外文出版社，2020：118.

有机结合起来，不断解放和发展社会生产力的显著优势；第七，坚持共同的理想信念、价值理念、道德观念，弘扬中华优秀传统文化、革命文化、社会主义先进文化，促进全体人民在思想上精神上紧紧团结在一起的显著优势；第八，坚持以人民为中心的发展思想，不断保障和改善民生、增进人民福祉，走共同富裕道路的显著优势；第九，坚持改革创新、与时俱进，善于自我完善、自我发展，使社会始终充满生机活力的显著优势；第十，坚持德才兼备、选贤任能，聚天下英才而用之，培养造就更多更优秀人才的显著优势；第十一，坚持党指挥枪，确保人民军队绝对忠诚于党和人民，有力保障国家主权、安全、发展利益的显著优势；第十二，坚持"一国两制"，保持香港、澳门长期繁荣稳定，促进祖国和平统一的显著优势；第十三，坚持独立自主和对外开放相统一，积极参与全球治理，为构建人类命运共同体不断做出贡献的显著优势。以上十三方面覆盖了政治、经济、法治、民生、国防、外交等国家治理体系所涉及的所有领域。

2020年10月，十九届五中全会决定指出，要将"国家治理效能得到新提升"作为"十四五"时期经济社会发展主要目标。要求到2035年要基本实现国家治理体系和治理能力现代化，人民平等参与、平等发展权利得到充分保障，基本建成法治国家、法治政府、法治社会。为此，2020年12月中共中央印发了《法治社会建设实施纲要（2020—2025年）》，2021年1月中共中央印发了《法治中国建设规划（2020—2025年）》，2021年8月中共中央、国务院印发了《法治政府建设实施纲要（2021—2025年）》，为规划指导法治国家、法治政府、法治社会建设提供了纲领性文件。

2020年12月30日，习近平总书记在中央全面深化改革委员会第十七次会议上发表重要讲话并指出："党的十八届三中全会确定的目标任务全面推进，各领域基础性制度框架基本确立，许多领域实现历史性变革、系统性重塑、整体性重构，为推动形成系统完备、科学规范、运行有效的制度体系，使各方面制度更加成熟更加定型奠定了坚实基础，全面深化改革取得历史性伟大成就。"①

2022年10月6日，党的二十大报告中明确指出："我们以巨大的政治勇气全面深化改革，许多领域实现历史性变革、系统性重塑、整体性重构，中国特色社会主义制度更加成熟更加定型，国家治理体系和治理能力现代化水平明显提高。"②

二、国家治理现代化提出的背景

国家治理现代化的提出是在中国特色社会主义取得创新突破，中国经济持续增长跃升为世界第二大经济体的基础上提出来的，是中国特色社会主义进入新时代以后对改革开放提出的新目标。

（一）社会转型

社会转型一词源于西方社会学理论，本意是指由传统社会向现代社会的转变。简单地说，社会转型就是人类社会由一个类型向另一个类型转化的过渡时期，即新旧交替的过渡阶段，主要是指在传统与现代之间的张力作用下的社会结构变迁和发展。一方面，传统社会的因素和痕迹在不断减少和淡化，但仍包含旧时代的成分；另一方面，现代社会的特征不断显现，但其结构和机制还未充分形成和有效运转。

目前来看，我国现在所进行的社会转型是一个复杂多变的过程，市场化、城镇化、民主化、法治化等进程已经交织在一起，涉及国家结构、政治结构、社会结构、执政党执政方式、人的生存方式等多个层面

---

① 习近平. 习近平谈治国理政：第四卷[M]. 北京：外文出版社，2022：232.
② 习近平. 高举中国特色社会主义伟大旗帜 为全面建设社会主义现代化国家而团结奋斗——在中国共产党第二十次全国代表大会上的报告[M]. 北京：人民出版社，2022：9.

从传统到现代的结构转变。① 总的来说，中国目前正处于一个走向现代化进程的社会转型期，一方面社会转型阶段是中国社会发展的机遇和契机，另一方面社会转型阶段也会带来一些不可回避的突出问题，这也在某种程度上成为提出国家治理现代化的深层次原因。

中国的社会转型是以经济转型为核心所带动的社会转型。一方面，从改革开放伊始，中国社会就步入向现代化转型的时期，可以说，中国的社会转型是渐进式变革推动跨越式发展。与苏联激进式的改革不同，我国在改革开放伊始便采取了较为和缓的渐进式改革模式，这种改革模式充分考虑到制度变迁的渐进性与连续性，从而避免改革初期最易出现的社会失范状态，同时也有利于降低社会转型的成本。即首先以经济领域的转型为核心先导，通过不断解放和发展社会生产力，构建推动社会转型的物质基础，然后在经济改革的基础之上，循序渐进地推动社会领域和政治领域的转型，最终实现整体的转型。另一方面，我国在改革初期采取的是"摸着石头过河"的改革战略，"摸着石头过河"就意味着改革之路没有任何先例和经验可循。在改革实践的初期，由于利益矛盾和阻力比较小，所以改革的进程推进也很快，但随着改革的不断深入，改革涉及的利益矛盾和阻力逐渐增大，"难啃的骨头"越来越多。因此，作为一种探索式的改革策略，"摸着石头过河"确实是适合中国变革的特征与基本规律的，不过这个战略却缺少了一个长期化、战略化、综合化、系统化的改革思路，因此当改革进入了攻坚期、深水期，这种策略便难以应对。

基于此，党的十八届三中全会便指出，要加强"顶层设计"和"摸着石头过河"相结合，整体推进和重点突破相促进，增强改革决策

---

① 韩庆祥，汪业周. 社会层级结构理论——关于"中国问题"的一种分析框架[M]. 北京：中国社会科学出版社，2013：182.

科学性，广泛凝聚社会共识，成为改革发展强大合力。目前来看，随着改革的不断深入，我国的社会转型也进入了关键阶段，推动全面深化改革的任务还很艰巨，各种国内外风险挑战交织重叠，以社会矛盾凸显、利益分化加剧为主要表现的发展不平衡不充分问题亟待解决。基于以上分析我们认识到，在社会转型这一历史背景下，推进国家治理现代化已成为破解发展困境的必然选择。

（二）实现对国家治理提出的新要求

中国特色社会主义进入新时代，当代中国迎来了实现中华民族伟大复兴的光明前景。围绕实现中华民族伟大复兴总任务，我们党在十八大提出了"两个一百年"奋斗目标，党的十九大又在此基础上提出了"两步走"战略安排，谋划实现第二个百年奋斗目标的宏伟蓝图，党的二十大报告又确立了"团结带领全国各族人民全面建成社会主义现代化强国，实现第二个百年奋斗目标，以中国式现代化全面推进中华民族伟大复兴"的中心任务。可以说，新时代新征程摆在全党全国各族人民面前的使命更加光荣，但同时我们的任务也更加艰巨，挑战也更加严峻。习近平总书记明确指出："我们面临的各种斗争不是短期的而是长期的，至少要伴随我们实现第二个百年奋斗目标全过程。"[1] 基于此，我们要顺利实现建成社会主义现代化强国，实现中华民族伟大复兴中国梦，必须坚持推进国家治理现代化。

第一，目标明确。建设社会主义现代化强国，实现中华民族伟大复兴，是中华民族的根本利益和最高目标。我们党领导中国人民进行的一切奋斗，归根到底都是为了实现这一伟大目标。回顾改革开放的发展历程，在20世纪80年代，邓小平同志就对我国社会主义现代化建设做出

---

[1] 习近平. 习近平在中央党校（国家行政学院）中青年干部培训班开班式上发表重要讲话强调 发扬斗争精神增强斗争本领 为实现"两个一百年"奋斗目标而顽强奋斗［N］. 人民日报，2019-09-04（1）.

了战略安排，提出"三步走"战略目标。党的十八大提出了实现中华民族伟大复兴中国梦。党的十九大对第二个百年奋斗目标进行了战略规划，将全面建设社会主义现代化国家的新征程分为两个阶段来安排：从2020年到2035年为第一个阶段，奋斗目标是在全面建成小康社会的基础上基本实现社会主义现代化；从2035年到21世纪中叶是第二个阶段，奋斗目标是在基本实现现代化的基础上把我国建成富强民主文明和谐美丽的社会主义现代化强国。从全面建成小康社会到基本实现现代化，再到全面建成社会主义现代化强国，这就是中国式现代化的"施工图"。

第二，任务艰巨。实现中华民族伟大复兴的中国梦，作为中华民族近代以来最伟大的梦想，绝不是轻轻松松就能实现的。目前来看，我们的任务十分艰巨，挑战十分严峻。首先，从国际层面来看，面对"百年未有之大变局"，全球发展的不确定性、风险性更加凸显，国际秩序越发无序和分裂，大国博弈日益剧烈，地域热点持续动荡，民族主义、单边主义等极端意识抬头，恐怖主义、重大传染性疾病等非传统安全威胁持续蔓延。其次，从国内层面来看，面对"中华民族伟大复兴的全局"，当前中国正处于爬坡过坎的紧要关口，进入发展关键期、改革攻坚期、矛盾凸显期，诸多问题相互交织、叠加呈现。正如习近平总书记指出的："在前进道路上我们面临的风险考验只会越来越复杂，甚至会遇到难以想象的惊涛骇浪。"[1] 这些困难挑战是国家治理现代化出场的基本场域，对推进国家治理体系和治理能力的不断完善和发展提出了更高的要求。

---

[1] 习近平. 习近平在中央党校（国家行政学院）中青年干部培训班开班式上发表重要讲话强调 发扬斗争精神增强斗争本领 为实现"两个一百年"奋斗目标而顽强奋斗[N]. 人民日报, 2019-09-04（1）.

第二节　国家治理现代化与城市街道治理

国家治理是一个体系。从横向看，包括政治、经济、民生、国防、外交等领域的治理体系。从纵向看，包括国家治理体系、中央政府治理体系、省市自治区治理体系、特别行政区治理体系、县域治理体系、农村乡镇治理体系以及城市街道办治理体系。

国家治理体系中的各个环节、各个要素互相渗透、互相影响。千万不要认为处于治理体系"神经末梢"的农村行政治理体系与城市街道办治理体系不重要。源自气候学并被广泛应用在经济学研究的"蝴蝶效应"，同样适用于研究治理体系。蝴蝶效应是美国气象学家爱德华·洛伦兹（Edward N. Lorenz）于1963年在一篇论文中提出的混沌现象，主要是指在一个动力系统中，初始条件下微小的变化能带动整个系统的长期的巨大的连锁反应。其含义是任何事物发展均存在定数与变数，忽略任何一个微小的变化往往可能导致巨大的变化。因此，城市街道治理是国家治理研究的重要内容。

一、国家治理现代化的内涵与基本内容

国家治理现代化既不是西方式的现代化，更不是资本主义的治理现代化，而是中国式的治理现代化，社会主义的治理现代化。国家治理现代化本质上是中国式现代化的重要组成部分。

（一）国家治理现代化的内涵

现代化是衡量国家进步与否的重要标志，是当前各个发展中国家的根本追求。现代化肇始于西方，发端于16世纪的英国工业革命，其根本特质就是工业化。

数百年来，西方工业化发展一直领先于世界，这也导致很多人将现代化等同于西方化，甚至等同于资本主义化。事实是这样吗？现代化发展有没有定于一尊的标准呢？每个国家由于国情不同、历史传统的不同，必然会形成多元的发展道路。正如习近平总书记所指出的："每个国家的政治制度都是在这个国家历史传承、文化传统、经济社会发展的基础上长期发展、渐进改进、内生性演化的结果。"① 因此，我国的现代化道路也必然是符合自身实际的才是最好的、最合适的。邓小平同志曾指出："中国式的现代化，必须从中国的特点出发。"② 习近平总书记也强调："现代化道路并没有固定模式，适合自己的才是最好的，不能削足适履。每个国家自主探索符合本国国情的现代化道路的努力都应该受到尊重。"③ 在党的二十大报告中又进一步强调："中国式现代化，是中国共产党领导的社会主义现代化，既有各国现代化的共同特征，更有基于自己国情的中国特色。"④ 当代中国的伟大实践中探索出的现代化，不是简单延续中华民族历史文化的母版，不是简单套用马克思经典理论家设想的模板，不是其他国家社会主义实践的再版，更不是国外现代化发展的复制翻版。中国式现代化蕴含着五大基本特征，即人口规模巨大的现代化，全体人民共同富裕的现代化，物质文明和精神文明相协调的现代化，人与自然和谐共生的现代化，走和平发展道路的现代化。

党的十八大提出全面深化改革的总目标就是完善和发展中国特色社会主义制度体系，要在深化改革进程中不断破除不适应实践发展要求的各方面体质机制弊端，逐步构建更加完善、更加科学、更加有效的制度

---

① 习近平. 习近平谈治国理政：第二卷［M］. 北京：外文出版社，2017：286.
② 邓小平. 邓小平文选：第二卷［M］. 北京：人民出版社，1994：164.
③ 习近平. 习近平谈治国理政：第四卷［M］. 北京：外文出版社，2022：427.
④ 习近平. 高举中国特色社会主义伟大旗帜 为全面建设社会主义现代化国家而团结奋斗——在中国共产党第二十次全国代表大会上的报告［M］. 北京：人民出版社，2022：22.

体系，而构建的核心是完善国家治理体系和推进治理能力现代化。

国家治理体系和治理能力是国家制度和制度执行能力的集中体现，国家治理水平是衡量一种社会制度是否比较完善、基本定型的重要标志。习近平总书记指出："摆在我们面前的一项重大历史任务，就是推动中国特色社会主义制度更加成熟更加定型，为党和国家事业发展、为人民幸福安康、为社会和谐稳定、为国家长治久安提供一整套更完备、更稳定、更管用的制度体系。这项工程极为宏大，必须是全面的系统的改革和改进，是各领域改革和改进的联动和集成，在国家治理体系和治理能力现代化上形成总体效应、取得总体效果。"[①]

国家治理理论的研究在20世纪90年代便开始在全球范围内兴起，但关于国家治理的本质内涵，一直存在着不同的理解。

（1）界定治理与统治。西方治理理论的主要创始人詹姆斯·N.罗西瑙（James N. Rosenau）通过对治理与政府统治的区别分析，从而对治理进行了界定，在其著作《没有政府的治理》中，罗西瑙认为，治理与政府统治并不等同，治理有着更为丰富的内涵，既涵盖了政府机制，也包含了非正式、非政府的机制。[②]

（2）认为治理即统治。印度学者哈斯·曼德和穆罕默德·阿斯夫则认为，治理即"统治的行为或过程，特别是那些权威性的指挥和控制"，以及"社会上各种因素发挥力量、权威和影响的一个过程"。[③]

（3）认为治理是新的软权力。法国学者让-皮埃尔·戈丹主张，治理是一种与新的软权力配合使用的一种"新政治鸡尾酒"，它是一种联邦制度的辅从性和企业文化的亲密结合，促进了机构、企业和协会之间

[①] 习近平.习近平谈治国理政[M].北京：外文出版社，2014：104-105.
[②] 詹姆斯·N.罗西瑙.没有政府的治理[M].张胜军，刘小林，等译.南昌：江西人民出版社，2001：5.
[③] 哈斯·曼德，穆罕默德·阿斯夫.善治：以民众为中心的治理[M].国际行动援助中国办公室编译.北京：知识产权出版社，2007：8.

的谈判式合作的多样化。①

（4）认为治理是新的管理社会方式。英国学者罗伯特·罗茨则认为，治理标志着政府管理含义的深刻变化，它是作为一种改变了的有序统治状态，或者作为一种新的管理过程，或者作为一种新的管理社会的方式。②

（5）认为治理是多元的体系。英国学者格里·斯托克则主要从四个方面来定义治理：一是治理主体是来自政府但又不限于政府的社会公共机构和行为者，并最终将形成自主自治的网络；二是治理对象上承认社会和经济问题之间存在着界限和责任的模糊性；三是治理主体之间存在着权力倚赖；四是强调政府可以动用新的工具和技术来控制和指引。③

虽然学者们对治理的认识还存在着差异，但我们仍可从中推出关于治理的核心认识。从"统治""管理"与"治理"的比较中便可以探寻出"治理"的本质特征。

首先，治理的主体更加多元化。"统治"和"管理"的主体一般是政府，相比较而言，"治理"的主体则更加多元，包括了国家、政府、非政府组织、企业、市场等。其次，治理的手段更加多样化、柔性化。"统治"是强调自上而下的权力约束，更侧重一种强制性的约束，"管理"是强调技术层面的管理，而"治理"则是运用"网络化""协同化"的多重手段和方式。最后，社会治理的总目标是追求善治，力求实现社会发展和公共利益的最大化，而非维护少数人的利益。基于此，

---

① 让-皮埃尔·戈丹. 何谓治理［M］. 北京：社会科学文献出版社，2010：97.
② 罗伯特·罗茨. 新的治理［M］//俞可平. 治理与善治. 北京：社会科学文献出版社，2000：86-96.
③ 格里·斯托克. 作为理论的治理：五个论点［M］//俞可平. 治理与善治. 北京：社会科学文献出版社，2000：31-49.

我们可以推出，国家治理的实质就是指在党的领导下以国家和政府为主导的、多元社会主体共同参与的，通过现代化的治理手段来维护公共秩序，从而最大限度实现公共利益最大化的方式。它侧重强调"公正价值的优先性地位和对秩序与效率的根源塑造，并将人民福祉作为治理的出发点和落脚点"[1]。

我国的国家治理体系是在党的领导下管理国家的制度体系，包括经济、政治、文化、社会、生态文明和党的建设等各领域体制机制、法律法规安排，即一整套紧密相连的、相互协调的国家制度，它是一个国家制度和制度执行能力的集中体现。王嘉让认为，国家治理体系应当包括政府治理、社会治理、基层治理、民间治理等不同层次，它是国家治理的道路、理论、制度、政策、方法的综合。[2] 徐湘林认为，国家治理应当包括塑造共同价值体系、强化国家权威、提升国家治理执行力、促进经济持续发展、完善社会保障体系、增强国家和社会互动六个方面的内容。[3] 国家治理能力则是指运用制度体系管理国家和社会各方面事务的能力，包括治党治国治军、促进改革发展稳定、维护国家安全利益、应对重大突发事件和风险挑战、处理各种复杂国际事务等各方面的能力。治理体系与治理能力二者之间是相辅相成、密不可分的。一方面，治理体系是治理能力形成的基础，治理能力的提升有赖于治理体系的建构和完善；另一方面，治理能力彰显治理体系的功能，治理能力强大是治理体系完备的表现，只有不断提升治理能力，才能充分发挥治理体系的效能。[4]

---

[1] 许海清. 国家治理体系和治理能力现代化 [M]. 北京：中共中央党校出版社，2013：21.
[2] 王嘉让. 努力推进国家治理体系和治理能力现代化 [N]. 陕西日报，2013-11-19 (5).
[3] 徐湘林. 转型危机与国家治理 [N]. 中国科学报，2012-04-16 (7).
[4] 俞可平. 论国家治理现代化 [M]. 北京：社会科学文献出版社，2014：5.

基于以上分析，我们可以看出，当代中国所提出的国家治理现代化与西方的国家治理现代化有着根本的不同，两大核心差异体现为：

第一，党的领导是国家治理现代化的根本政治保证。东西南北中，党政军民学，党是领导一切的。没有共产党，就没有新中国；没有共产党，就没有当代中国的伟大飞跃。始终坚持中国共产党的领导既是历史的选择，更是人民的选择，近百年来的历史和实践一再证明，正是中国共产党领导和团结全国各族人民成就了开天辟地的事业、创造了伟大的发展奇迹。正如邓小平同志曾提到的："在中国这样的大国，要把几亿人口的思想和力量统一起来建设社会主义，没有一个由具有高度觉悟性、纪律性和自我牺牲精神的党员组成的能够真正代表和团结人民群众的党，没有这样一个党的统一领导，是不可能设想的，那就只会四分五裂，一事无成。这是全国各族人民在长期的奋斗实践中深刻认识到的真理。"[①]

第二，人民至上是国家治理现代化的根本价值取向。坚定人民立场，保障人民当家作主，一切为了人民、一切相信人民、一切依靠人民，全心全意为人民谋利益，是中国特色社会主义制度的根本价值取向。这一核心价值理念为中国特色社会主义各项事业的发展凝聚着源源不断的伟大人民力量。中国特色社会主义制度的各个层面都充分体现了这一坚定的人民立场。中国建立并运用了人民代表大会制度、中国共产党领导的多党合作和政治协商制度、民族区域自治制度、基层群众自治制度构成的民主政治制度体系，切实保障了人民当家作主。中国特色社会主义民主政治制度之所以能够实现"良政"和"善治"，根源便在于我们党和国家始终以最广大人民群众的根本利益为出发点和落脚点，充分激发人民群众的积极性、主动性和创造性。正如习近平总书记所指出

---

① 邓小平. 党和国家领导制度的改革［M］//邓小平. 邓小平文选：第二卷. 北京：人民出版社，1993：341-342.

的:"全党同志要把人民放在心中最高位置,坚持全心全意为人民服务的根本宗旨,实现好、维护好、发展好最广大人民根本利益,把人民拥护不拥护、赞成不赞成、高兴不高兴、答应不答应作为衡量一切工作得失的根本标准,使我们党始终拥有不竭的力量源泉。"①

(二)国家治理现代化的基本内容

1. 国家治理的五大领域

党的十八大报告明确指出了推进中国特色社会主义事业发展经济建设、政治建设、文化建设、社会建设、生态文明建设的"五位一体"总体布局。"五位一体"的总体布局是一个相互联系、相互影响的有机系统,其中经济建设是根本,政治建设是保证,文化建设是灵魂,社会建设是条件,生态文明建设是基础。从根本上讲,国家治理体系就是以"五位一体"为核心领域的治理系统。

第一,经济领域。经济领域的治理关键在于处理好政府与市场的关系,从而更好地深入推进经济体制改革。党的十八届三中全会明确指出,要尊重市场规律,使市场在资源配置中发挥决定性作用及更好地发挥政府的作用,由"决定性"代替了"基础性",是党对社会主义市场经济认识的又一次飞跃。随着市场体制机制的不断完善,市场在资源配置中的作用更加突出。此外,还要加强科学管理,更好地发挥政府的作用。政府作为"看得见的手",应与市场那只"看不见的手"相互协调配合,把握好全局性、战略性、前瞻性的问题,弥补市场失灵,两者有机结合,协同互补,更好地把中国特色社会主义市场和政府的优势充分彰显出来。

第二,政治领域。完善国家法治体系,推进法治国家、法治政府、

---

① 习近平. 在庆祝中国共产党成立95周年大会上的讲话[M]. 北京:人民出版社, 2016:18.

法治社会一体化建设。法治是现代国家治国理政的基本方式，国家治理的现代化本质上就是法治化。首先，要求维护宪法法律的最高权威，使全体公民依法享有广泛权利和自由，广泛开展法制宣传教育，弘扬社会主义法治精神，树立社会主义法治理念，培育社会主义法治文化，在全社会形成办事依法、遇事找法、解决问题用法、化解矛盾靠法的良好法治环境。其次，要加强社会主义民主政治制度建设，推进全过程人民民主。人民民主是社会主义的本质要求，坚持党的领导、人民当家作主、依法治国的有机统一，发展更加广泛、更加充分的人民民主是政治体制改革的根本目标。还应做到以下几方面：充分发挥人民代表大会制度的根本制度作用，促进协商民主广泛多层制度化发展，发展基层民主。再次，维护好司法制度的权威和公正，做到有法必依、执法必严、违法必究。推动司法改革，重心在于对权力的制约和监督，要将权力关到制度的笼子里，正确使用权力，使权力能更好地为人民利益服务。最后，进一步深化行政执法体制改革，确保依法独立公正行使审判权和检察权，完善人权司法保障制度，致力于扩大人民群众和社会组织参与决策和监督的渠道。

第三，文化领域。文化领域的治理关乎国家兴衰、民族凝聚。正所谓"礼义廉耻，国之四维；四维不张，国乃灭亡"。文化是一个国家、一个民族的灵魂。改革开放伊始尤其是近年来，各种错误思潮无孔不入，打着各种虚伪的旗号，诋毁马克思主义、社会主义、中华民族，妄想解构和瓦解当代中国的主流价值，这些错误的思想观念给社会主义意识形态工作带来了严峻挑战。要抵御意识形态领域的挑战，建设社会主义文化强国，必须始终坚持马克思主义的根本指导地位，积极倡导和弘扬社会主义核心价值观，筑牢意识形态阵地，通过社会主义核心价值观的宣传和培育，引导广大人民群众做社会主义核心价值观的坚定信仰者、积极传播者、模范践行者。社会主义核心价值凝聚着全国各族人民价值观的"最大公约数",是推进文化治理现代化的根本价值指引,习近平总书记指出:"核心价值观是文化软实力的灵魂、文化软实力建设的重点。这是决定文化性质和方向的最深层次要素。一个国家的文化软实力,取决于其核心价值观的生命力、凝聚力、感召力。培育和弘扬核心价值观,有效整合社会意识,是社会系统得以正常运转、社会秩序得以有效维护的重要途径,也是国家治理体系和治理能力的重要方面。历史和现实表明,构建具有强大感召力的核心价值观,关系社会和谐稳定,关系国家长治久安。"[①] 培育和践行社会主义核心价值观,要坚持把社会主义核心价值观融入社会生活的方方面面,要通过强化教育引导、舆论宣传、文化熏陶、实践养成和制度保障等来推进,而培育的关键在于要与人民群众的日常生活联系起来,在落细、落小、落实方面下功夫。

第四,社会领域。从"以和为贵"到"天下兼相爱",从"人人相亲,人人平等,天下为公"到"人能尽其才,地能尽其利,物能尽其用"。两千多年来,实现社会和谐、追求美好社会始终是中华民族孜孜以求的社会理想,更是中国共产党人矢志不渝追求的目标。党的十七大提出了构建社会主义和谐社会的目标,而要构建和谐社会,必须要深入推进社会治理。党的十八届三中全会指出:"创新社会治理,必须着眼于维护最广大人民根本利益,最大限度增加和谐因素,增强社会发展活力,提高社会治理水平。"首先,坚持系统治理,加强党委领导,发挥政府主导作用,鼓励和支持社会各方面参与,实现政府治理和社会自我调节、居民自治良性互动;其次,坚持依法治理,加强法治保障,运用法治思维和法治方式化解社会矛盾;再次,坚持综合治理,强化道德约束,规范社会行为,调节利益关系,协调社会关系,解决社会问题;最

[①] 习近平. 培育和弘扬社会主义核心价值观[M]//习近平. 习近平谈治国理政. 北京:外文出版社,2014:163.

后，坚持源头治理，标本兼治、重在治本，以网格化管理、社会化服务为方向，健全基层综合服务管理平台，及时反映和协调人民群众各方面各层次的利益诉求。在社会治理领域也涌现了诸多举措，包括健全党组织领导的自治、法治、德治相结合的城乡基层治理体系推行网格化管理和服务，发挥群团组织、社会组织作用，发挥行业协会商会自律功能，实现政府治理和社会调节、居民自治良性互动，等等。

社会领域的治理关键是要处理好政府和社会的关系，要限制公权力和推进社会治理体系改革，而对于公共权力的限制则是更为重点的方面，加强对公共权力的限制必须要从以下两个方面着手：一是要强化社会各界对公共权力的监督，要实现权力在阳光下运行，必须要增加社会民众的民主参与度，让广大民众参与到对政府权力运行的监督当中去，从而使政府权力的运行更加公开化、透明化。另外还要不断推动各方面制度的完善，加强对权力监督的强制性、长期性和有效性。二是要不断推进社会治理体系改革。推动社会治理体系改革的关键是要实现治理主体由政府一元主导向由政府主导、社会及民众多元共同治理的转变，要积极发挥社会组织、广大民众在社会治理中的重要作用，通过政府、社会组织与广大民众之间的良性互动，形成合力，逐步推进社会和谐安定、良性发展的进程。

第五，生态领域。生态兴则国兴，生态亡则国亡。马克思主义认为，人与自然之间的关系，从根本上讲，就是人与自然之间的双重互构关系。一方面，自然界是人类赖以生存的前提和基础，没有自然界就没有人类的产生和发展；另一方面，人又是主观能动的存在，通过现实的实践活动改造自然以满足自身的需要。推进生态治理现代化是加强生态文明建设、不断满足人民日益增长的优美生态环境需要的必然选择。生态领域的治理关键在于不断加强生态制度体系建设，推进生态文明建设，实现人与自然和谐共生。习近平总书记明确指出："只有实行最严格的制度、最严密的法治，才能为生态文明建设提供可靠保障。"① 党的十八大以来，我们通过全面深化改革，加快推进生态文明顶层设计和制度体系建设，十八届三中全会提出建立系统完整的生态文明制度体系。党的十八届四中全会提出用严格的法律制度保护生态环境，加快建立约束开发行为和促进绿色、循环、低碳发展的生态文明法律制度。此后，又相继出台《关于加快推进生态文明建设的意见》《生态文明体制改革总体方案》，制定了40多项涉及生态文明建设的改革方案，从总体目标、基本理念、主要原则、重点任务、制度保障等方面对生态文明建设进行全面系统部署。

2018年5月18日，习近平总书记在全国生态环境保护大会上强调："要建立科学合理的考核评价体系，考核结果作为各级领导班子和领导干部奖惩和提拔使用的重要依据。要实施最严格的考核问责。'刑赏之本，在乎劝善而惩恶。'对那些损害生态环境的领导干部，只有真追责、敢追责、严追责，做到终身追责，制度才不会成为'稻草人''纸老虎''橡皮筋'。"②

2. 国家治理的三个层级

任何国家治理体系都有自身的层级和结构，由于国情的特殊性，各国治理体系之间的层级和结构特点也有所不同。就当前而言，我国的国家治理体系在纵向上主要包括宏观（国家治理）、中观（地方治理）、微观（基层治理）三个层级。

第一，宏观层面。国家治理体系的宏观层面就是国家治理层面，但这一层面的国家治理主要是从狭义层面来说的，主要指的是中央层级的治理，中央层级的治理具有宏观性、平等性特征，负责提供外交、国

---

① 习近平. 习近平谈治国理政［M］. 北京：外文出版社，2014：210.
② 习近平. 论把握新发展阶段、贯彻新发展理念、构建新发展格局［M］. 北京：中央文献出版社，2021：267.

防、国家安全、宏观调控政策、基本公共服务等全国性公共产品和承担全国统一治理、不同区域间的协调治理职能。中央治理是国家治理体系的枢纽和"大脑",是推进整个国家治理体系有效运转的关键所在。

第二,中观层面。国家治理体系的中观层面主要指省、市、自治区等地方治理。地方治理是国家治理体系的中间环节,在国家治理体系结构中起着承上启下、衔接润滑、桥梁纽带的作用。如省级政府的主要职责是贯彻落实中央重大战略部署,推进重大项目落地实施;促进产业转型升级,优化营商环境;促进地方市县均衡、协调发展;监督指导考核下级政府贯彻落实工作情况等。而市级政府的职责则是顺应工业化和城镇化发展需要,建设区域中心城市,发挥区域中心城市经济增长及辐射腹地的效应,促进区域协调发展等。地方治理的核心则是城市治理。2020年,党的十九届五中全会进一步提出了"加强和创新市域社会治理,推进市域社会治理现代化""提高城市治理水平,加强特大城市治理中的风险防控"等要求。地方治理有着多元化差异性的特点,一般而言,地方治理的现代化程度和本地社会经济发展水平息息相关。

第三,微观层面。在整个国家治理体系中,基层治理就是国家治理的基石,是实现国家治理体系和治理能力现代化的着力点。2014年10月23日,习近平总书记在党的十八届四中全会上做《中共中央关于全面推进依法治国若干重大问题的决定》的报告,首次阐明了基层治理的概念,并强调要推进基层治理法治化。报告指出:全面推进依法治国,基础在基层,工作重点在基层;要发挥基层党组织在全面推进依法治国中的战斗堡垒作用,增强基层干部法治观念、法治为民的意识,提高依法办事能力;要加强基层法治机构建设,强化基层法治队伍,建立重心下移、力量下沉的法治工作机制。2021年4月28日,中共中央、国务院印发了《关于加强基层治理体系和治理能力现代化建设的意见》(以下简称《意见》),围绕如何加强基层治理、提升基层治理能力,如何统筹推进乡镇、街道和城乡社区治理，提出了更加明确且具体的要求。《意见》指出：力争用 5 年左右的时间，建立起党组织统一领导、政府依法履责、各类组织积极协同、群众广泛参与，自治、法治、德治相结合的基层治理体系，健全常态化管理和应急管理动态衔接的基层治理机制，构建网络化管理、精细化服务、信息化支撑、开放共享的基层管理服务平台；党建引领基层治理机制全面完善，基层政权坚强有力，基层群众自治充满活力，基层公共服务精准高效，党的执政基础更加坚实，基层治理体系和治理能力现代化水平明显提高。在此基础上力争再用 10 年时间，基本实现基层治理体系和治理能力现代化，中国特色基层治理制度优势充分展现。围绕实现基层治理体系和治理能力现代化这一主要目标，《意见》从加强党的基层组织建设，健全基层治理党的领导体制，从构建党委领导、党政统筹、简约高效的乡镇（街道）管理体制，以及从加强基层政权治理能力建设三个方面提出了明确要求。其中对加强基层政权治理能力建设又提出了五个方面的具体要求，包括增强乡镇（街道）行政执行能力、为民服务能力、议事协商能力、应急管理能力以及平安建设能力。同时，围绕健全基层群众自治制度，对加强村（居）委会规范化建设、健全村（居）民自治机制、增强村（社区）组织动员能力和优化村（社区）服务格局提出了更高要求。

3. 国家治理能力现代化

国家治理能力现代化体现在党和政府的执政能力以及党员干部的执政能力两个方面。

第一，提升党和政府的执政能力。一方面是要坚持科学执政、民主执政、依法执政这一根本执政理念。三者的关系是辩证统一的。科学执政是基本前提，民主执政是本质所在，依法执政是基本途径，三者统一于党执政的科学化、民主化和法制化的实践活动和历史进程中。一是科学执政。科学执政的关键是深刻认识和把握执政规律，并且遵循这些规律，坚持以先进、科学的理论为指导。中央决定指出："要结合中国实际不断探索和遵循共产党执政规律、社会主义建设规律、人类社会发展规律，以科学的思想、科学的制度、科学的方法领导中国特色社会主义事业。"坚持科学执政，就要发挥党总揽全局、协调各方的领导核心作用，支持和保证国家的立法、司法、行政机关，经济、文化组织和人民团体积极主动地、独立负责地、协调一致地工作；要改革和完善决策机制，推进决策的科学化、民主化，党委决定重大事项、制定方针政策，必须经过充分的调研、咨询和论证，使决策符合实际，具有指导性和可操作性。二是民主执政。民主执政的关键是发展党内民主带动人民民主。中央决定指出："要坚持为人民执政、靠人民执政，支持和保证人民当家作主，坚持和完善人民民主专政，坚持和完善民主集中制，以发展党内民主带动人民民主，壮大最广泛的爱国统一战线。"坚持民主执政，必须以科学的思想为指导，完善发扬党内民主、人民民主的相关制度，完善民主监督、民主决策相关机制，切实保障各级党组织和党员的民主权利。三是依法执政。依法执政是新的历史条件下党执政的一个基本方式。依法执政的关键是坚持和完善人民代表大会制度。人民代表大会制度是我国的根本政治制度，是人民当家作主、掌握国家政权、行使国家权力的根本途径和形式。中央决定指出："坚持和完善人民代表大会制度"，"要坚持依法治国，领导立法，带头守法，保证执法，不断推进国家经济、政治、文化、社会生活的法制化、规范化"。坚持民主执政，就是说党的执政过程不仅表现为刚性的控制与自上而下的指令，更体现在对宪法、法律的自觉维护和法治的自觉践行。党只有在宪法和法律的范围内活动，其执政活动才能为人民群众自觉自愿地接受和认可。

　　第二，提升党员干部的执政能力。习近平总书记在党的十八大报告中告诫全体党员"打铁还需自身硬"，表明了"从严治党、惩治腐败"

的决心，并要求各级领导干部对自身存在的问题要有清醒的认识，从解决自身存在的问题入手，下大气力加强自身建设，不断提高领导能力和水平，不断提高驾驭复杂局面的能力和战斗力。提升广大党员干部的执政能力和整体素质要从以下三个方面着手：

首先，要提升广大党员干部的学习能力。树立先进学习理念，促进学习自主自觉，注意抓好理论性学习，深入学习党的基本理论、基本政策、基本经验，用理论武装头脑；注重应用性学习，积极学习和履行岗位职责的新知识、新技能，广泛学习现代化建设所需的经济、政治、文化、科技、社会和国际等方面的知识，对关系改革发展全局性、体制性、战略性的问题深入思考，不断拓宽视野，把握当今世界发展趋势和改革发展方向；加强制度保障，建立学习长效机制。广大党员学习力度的推进是一个长期的系统工程，需要用制度管学习、促学习，建立健全各种学习配套保障制度，构建推动学习长效机制，将学习由"软要求"转变为"硬约束"，推动学习走向科学化、制度化、常态化。

其次，要提升广大党员干部的创新能力。一是要提升理论创新能力。理论创新是促进经济社会发展的重要思想力量，新民主主义革命的胜利以及社会主义建设取得的伟大成绩，正是源于我们党始终坚持解放思想，针对现实中遇到的新问题，在社会实践中不断丰富发展马克思主义理论，以更好地指导新的实践。进一步提高广大党员干部的理论创新能力，就是要求广大党员干部必须学会运用马克思主义的立场、观点、方法，准确把握国内国外发展态势，既要把握住世界潮流，更要准确把握中国特色社会主义建设的基本规律和发展趋势，通过不断对建设经验的理论总结，永葆科学理论的旺盛生命力。二是要推进实践创新。实践创新是推动社会发展的根本动力。中国特色社会主义道路是一条"前无古人"的道路，作为一项全新的事业，必然要有开拓创新的实践精神。从"摸着石头过河"到加强全面深化改革的顶层设计，中国特色社会主义一直在探索开拓中前行。现阶段，全面深化改革已步入了"攻坚期"，面临着更为复杂的新情况、新问题，我们党审时度势，从现阶段的现实实际出发，提出了推进国家治理体系和治理能力现代化的实践创新之路。三是要加强制度创新。制度创新是推动社会发展的直接动力。中国特色社会主义制度的发展和完善必须要依靠制度创新的推动，从某种意义上讲，加强制度创新是推动中国特色社会主义制度不断发展完善的动力源泉，是党和国家充满生机和活力的根本保证。

再次，要提升广大党员干部的服务能力。党的十八大报告指出："围绕保持党的先进性和纯洁性，在全党深入开展以为民务实清廉为主要内容的党的群众路线教育实践活动，着力解决人民群众反映强烈的突出问题，提高做好新形势下群众工作的能力。完善党员干部直接联系群众制度。"[1] 提升广大党员的服务力，关键着力点就是要坚持"为民、务实、清廉"的工作作风，提高服务群众工作的能力。"为民"是广大党员干部必须要坚持的服务意识，是提高党的执政能力的出发点和落脚点。中国共产党要实行民主政治，就必然要求走群众路线，发动人民群众，依靠人民群众。群众路线的灵魂在于人民群众是历史的主人，在于人民要当家作主，这就决定了群众路线的根本是"为民"。党是人民的公仆，党要为民众服务。"务实"是广大党员干部必须要坚持的服务途径。共产党人深入群众，深入基层，摸清事物规律，掌握工作主动。多听听群众的意见，善于从群众关注的、身边的事情做起，为群众解决实际问题，为群众办好事情。"清廉"是广大党员干部必须要坚持的服务本色，共产党人坚守清廉，反对奢侈，是因为清廉使人刚直不阿，心系群众，自觉无悔地为人民事业奋斗；奢侈使人贪污腐败，失去民心，最终深陷一己私利而不能自拔。党员干部只有保持清廉的品质，才能得到

---

[1] 中央党史和文献研究院.十八大以来重要文献选编：上[M].北京：中央文献出版社，2014：39.

百姓的拥护，才能更好地服务群众，为人民群众办好事、办实事。

二、城市街道治理现代化的历程与经验

在城市治理体系中，街道是城市治理的重要场域，是城市基层组织的"神经末梢"和最基层的组织单元，在城市公共服务和社会治理中发挥着重要作用。自新中国成立以来，中国城市街道治理模式也历经多次变迁，为新时代推进城市街道治理现代化提供了宝贵经验和制度基础。

（一）城市街道办治理现代化的历程

街道是中国行政区划之一，行政地位与乡级行政区相等。纵观新中国成立以来街道办的发展历程，街道办不仅是城市管理和社会治理的基础，也是连接政府和社区的政治枢纽，既是行政组织，又是社区组织，具有双重属性：一是作为区政府的派出机关，拥有管理整个辖区的法定资格，具有行政属性；二是身处社会管理的基础层次，承担社区建设，直接面向居民和群众性自治组织，具有社区属性[1]。

1954年9月21日，第一届全国人大第一次会议通过的《地方各级人民代表大会和地方各级人民委员会组织法》规定，市辖区、不设区的市的人民委员会在必要的时候，经上一级人民委员会批准，可以设立若干街道办事处，作为它的派出机关。

1954年12月31日，《城市街道办事处组织条例》（以下简称《条例》）经全国人大一届四次会议通过颁布实施。《条例》以法律的形式确定了街道办事处的设立、性质、职责任务、管辖范围、人事设置、办公经费筹集等。首先，明确了街道办的地位。街道办是为了加强城市的

---

[1] 吴佩. 新中国成立70年来的"街道办"：变迁及其逻辑[J]. 经济社会体制比较，2019（6）：15-23.

居民工作，密切政府和居民的联系，市辖区、不设区的市的人民委员会可以按照工作需要设立街道办事处，作为它的派出机关。其次，明确了街道办的作用。街道办是办理市、市辖区的人民委员会有关居民工作的交办事项，指导居民委员会的日常工作，反映居民的意见和诉求。

在20世纪50年代末，我国进入"大跃进"时期，包括街道办在内的国家治理体系也发生重大的变化。在乡村，没有了乡政府，取而代之的是人民公社。在城市，街道办虽然形式上未被取消，但是已经完全丧失了原有的作用与功能。1966年进入"文革"以后，全国各地街道办改组为"街道革命委员会"。这一状况持续十余年，直到1980年，《城市街道办事处组织条例》重新修订颁布，才恢复了街道办原有的法定地位。

改革开放以后，城市街道办事处的设置、人员构成和职能权限出现了较大变动，尤其是随着城市公共事务的不断增加，该《条例》的规定已不能有效满足经济社会发展的需要。2009年6月27日第十一届全国人民代表大会常务委员会第九次会议通过了《全国人民代表大会常务委员会关于废止部分法律的决定》，决定废止《城市街道办事处组织条例》。

改革开放以后，随着基层单位制逐渐瓦解，随之而来的是单位所承担的政治、社会、教育等诸多职能也被逐渐剥离，并逐渐沉淀到街道。同时，城市行政管理体制改革也逐渐开始注重权力的下放。这些转变也使得街道办事处被赋予了更多的权力和职能。伴随着改革开放的浪潮，在当代中国探寻符合中国国情的现代化道路实践中，街道治理现代化也随之不断推进。

对于街道办治理的探索大致可以划分为如下两种思路。第一种思路是探索街道办属下的社区治理。从1991年开始，民政部便提出了"社区建设"的概念，并在全国城市广泛开展社区建设活动。1998年，国务院机构改革时将"推进社区建设"的职能赋予民政部。1999年,民政部启动"全国城市社区建设实验区"工程①。2000年11月,《民政部关于在全国推进城市社区建设的意见》指出:"社区建设是指在党和政府的领导下,依靠社区力量和社区资源,强化社区功能并致力于解决社区问题,促进社区内政治、经济、文化和环境的协调健康发展,不断提高社区成员的生活水平和生活质量的过程。"②

第二种思路是深入探索街道办治理的思路。1997年,上海市开始探索"两级政府、三级管理"的模式,这种模式注重将市、区的权力下放到街道,既减轻了市和区的城市管理任务,也强化了街道办事处的权限和职能,这种模式影响很大,很多城市先后效仿。2018年,北京市开始在全市推广源于平谷区的"乡镇吹哨、部门报到"经验,之后,通过不断总结实践经验,又将"乡镇吹哨、部门报到"总结提升为"街乡吹哨、部门报到",这种模式对于破解新时代基层治理难题、充分发挥党建在城市街道办治理中的引领作用提供了诸多经验。北京平谷区的做法引起了中央全面深化改革委员会的关注。

其实,第一种思路与第二种思路都是围绕街道办进行研究,但是,两者在本质上是完全不同的。第一种思路研究的是社区,选择的范式是"自治";第二种思路研究的是街道办,选择的范式是"治理",社区只是街道办下面的群众自治组织。随着改革开放和我国城市化进程的加速,街道办无法覆盖的许多具体居民自治事务就交由社区去处理,因此,社区治理逐步成为城市基层治理的重要内容。然而,社区不是政府的外派机构,社区治理属于城市治理体系的重要环节,而不属于政府治

---

① 吴佃.新中国成立70年来的"街道办":变迁及其逻辑[J].经济社会体制比较,2019(6):15-23.

② 中共中央办公厅,国务院办公厅.关于转发《民政部关于在全国推进城市社区建设的意见》的通知:中办发〔2000〕23号[EB/OL].内蒙古自治区人民政府网,2001-01-01.

理体系的范围，街道办治理才是政府治理体系的"末梢神经"。

本书选择第二种思路，研究街道办的治理，围绕街道办治理展开对相关领域的研究，包括对社区治理的研究。这既体现街道办治理的基层研究特色，又让街道办治理研究不仅仅局限在街道办，而是与社会治理结合起来开展治理研究，呈现出立体化、多元化、交叉化的特点，从而推动从单一的"行政治理"模式到双向的"行政治理推动+社会自治辅佐"模式的转变。这种转变，不仅是研究模式的转变，而且是治理模式的转变。这种转变，体现了中国特色社会主义进入新时代之后，自上而下对社会进行整合与自下而上表达民众诉求结合基础上国家治理体系与治理能力现代化的发展轨迹。

(二) 城市街道办治理现代化的经验

推动治理现代化，就要坚持党的领导和国家主导的力量，坚持把党建的力量、法制的力量、市场的力量、社会的力量和人民的力量结合起来，从而实现法治与德治结合、共治与自治结合。因此，凡是能够有效地运用"五种力量"，实现"两种结合"的治理，就是值得借鉴的典型经验。

1. 南京仙林街道治理经验——新时代城市版"枫桥经验"[①]

枫桥经验的核心是指"矛盾不上交，就地解决好。"它是指20世纪60年代初，浙江省现诸暨市枫桥镇干部群众创造的治理经验。1963年毛泽东同志就曾亲笔批示"要各地仿效，经过试点，推广去做"。中国特色社会主义进入新时代后，"枫桥经验"得到不断发展，形成了具有鲜明时代特色的"党政联动，依靠群众，预防纠纷，化解矛盾，维护稳定，促进发展"的枫桥新经验，成为党建引领治理的典范。

[①] 本部分内容相关数据引自江苏省委办公厅印发的《南京市栖霞区仙林街道党建引领城市基层治理经验做法》。

南京仙林街道先后获得"全国先进基层党组织""全国文明单位"等光荣称号，其街道治理模式被誉为新时代城市版"枫桥经验"。位于南京市栖霞区的仙林街道，地处仙林大学城核心区，面积32.67平方公里，辖区内有12所高校、40个居民小区、1786个驻区单位，人口28万，党员近万名。主要有如下五大特色：

第一，加强党建引领，重视理论学习，推动习近平新时代中国特色社会主义思想"飞入寻常百姓家"。例如：组建党员群众宣讲队开展进网格、进小区、进高校、进工地、进街区、进驻区单位等"六进"宣讲活动，以快板、诗朗诵、歌曲等群众喜闻乐见的方式，推动习近平新时代中国特色社会主义思想"飞入寻常百姓家"。

第二，推行网格化管理，设置三级网格构建严密基层组织，全面发挥街道党工委治理"龙头"、网格轴心作用。例如：把辖区划分为三级网格，以社区为单位设置10个一级网格，平均配备15名左右工作人员；根据片区、面积、小区楼栋和人口数量划分156个二级网格，分别由1名街道社区工作人员负责；具体到驻区单位再细分1786个三级网格，由法定代表人或党员骨干担任网格长。在三级网格中设置"1+3+N"党组织，一级网格依托社区党组织设立"大党委"，统一管理街道服务办公室党支部、居民党支部、"两新"组织党支部；二级、三级网格根据需要成立党支部或党小组，推动党的组织触角延伸到辖区各个角落，稳稳托住基层治理基本面。

第三，推行矛盾化解"四步法"，实现"小事不出网格、大事不出社区、信访问题不出街道"。例如：构建群众诉求表达、网格巡防问访、及时化解处置、定期跟踪督查等机制，推动矛盾防范在前、有效化解。仙林街道连续11年实现了到区去市赴省进京上访"四个零"。

第四，干部力量下沉一线。干部全员下沉网格一线，变"等上门"为"登上门"。例如：街道社区干部全部下沉到网格，街道党工委书记向全体居民公布手机号码,街道班子成员每人分管1个一级网格,每名街道社区干部直接负责1个二级网格。推行区域党建联动、城市管理联抓、公共安全联防、平安法治联创、流动人口联管、群众工作联做、民生保障联帮、科教人才联享、发展平台联办、精神文明联建"十联"工作法,实现"人往格中去、事在网中办"。

第五,整合治理资源,党群联动共治,打造共建共享治理格局,街道牵头构建共驻共建共享格局。例如:建立由辖区内南京大学等12所高校和银行、商场等规模较大单位全部参加的街道网格党建联席会议机制,有效整合人员、资金、场地等要素,推动资源共享、利益共联、矛盾共商、实事共办。如党员带动群众广泛开展志愿服务,带动组建"万家欢""管得宽""搭把手""百事帮"等56支志愿者服务队。打造党群服务"一站式"阵地。建好用好街道和社区党群服务中心,常态化提供居家养老、未成年人活动、残疾人康复、法律咨询等20多类服务。

2. 北京创新党建引领基层治理——"街乡吹哨、部门报到"[1]

习近平总书记曾指出:"改革是由问题倒逼而产生,又在不断解决问题中得以深化。"[2] 黄金盗采问题一直是困扰北京市平谷区金海湖镇的治理难题,为有效根除这一问题,金海湖镇探索出了"乡镇吹哨、部门报到"的联合执法新机制,终使屡禁不止的黄金盗采销声匿迹。2017年9月,北京市委常委会决定,将平谷区的经验做法总结提升为"街乡吹哨、部门报到",并作为2018年全市"1号改革课题",向16个区选点推广。"街乡吹哨、部门报到"是新时代充分发挥党的领导在基层治理过程中重要作用的一次有效探索,为新时代推进城市街道治理

---

[1] 相关数据引自共产党员网 https://www.12371.cn/2019/07/18/ARTI1563416799243226.shtml.

[2] 习近平. 习近平谈治国理政 [M]. 北京: 外文出版社, 2014: 74.

现代化提供了可以借鉴的模式和经验。

第一,加强党建引领,着力打造城市基层治理的"坚强轴心"。街乡是基层治理的枢纽,许多基层治理难题需要街乡去应对和解决,但在实际工作中,由于责大权小、权责不清,街乡往往有心无力。与其他地方相比,北京的街乡还存在驻地主体多元、隶属各异等特点。街乡虽然承担着属地管理责任,但实际工作中往往连驻区的中央机关、央企、高校等大院大所的门都进不去,在履行职责上处于进退两难的尴尬境地。"吹哨报到"改革抓住党组织领导基层治理这条主线,将基层党建与基层治理同步推进,将党的组织体系与基层治理体系有机融合,充分发挥党组织对各类组织和广大群众的政治引领、组织引领、机制引领、能力引领的作用,着力构建共商共建共治共享的基层治理新格局。

做实区域化党建,高效整合利用区域治理资源。为加强驻区各类党组织横向沟通联系,全市普遍建立区、街道、社区三级党建工作协调委员会,作为开展区域化党建工作的议事协调平台,由区、街乡党员领导干部担任下一级党建工作协调委员会主任,负责统筹协调、整合资源,引领驻区单位党组织共抓基层党建、共商区域发展。着眼充分调动驻区单位党组织的积极性,党建工作协调委员会以解决辖区治理难题为抓手,通过双向需求征集、双向提供服务、双向沟通反馈、双向考核评价工作机制,推动建立"需求、资源、项目"三项清单,促进区域内中央单位、国有企业、高校等单位资源充分整合、有效利用,共同建设治理体系、共同实施治理活动、共同分享治理成果。

做好"双报到"工作,广泛引导党员干部参与基层治理。印发《关于进一步做好基层党组织和在职党员"双报到"工作的通知》,积极引导驻区党组织、在职党员服务社区治理。开发"党员E先锋"网络平台,全面记录驻区党组织和在职党员公开承诺、建言献策、参与社区活动、为社区办实事等情况,由社区党组织审核备案。

深化党政群共建，最大程度汇聚基层治理合力。坚持开放融合治理理念，建立健全党委统筹、组织联建、工作联动、队伍联合、服务联办、保障联享、责任联查的党群"一统六联"工作机制，最广泛地动员和组织广大群众积极投身社会治理；采取购买岗位、项目委托、项目补贴、公益服务、品牌创建等方式，推动各类社会组织、市场主体深度参与基层治理，逐步把公众、社会力量和党委、政府的关系从"你和我"变成"我们"，从"站着看"变为"跟着干"。如市司法局党委组织党员律师骨干，组建法律服务团和调解服务团，助力"疏解整治促提升"专项行动的开展。

强化担当导向和正向激励，加强基层治理生力军。充分发挥考核评估导向作用，加强区委、区政府对考核评价工作的统筹，推动自下而上与自上而下的考评相结合。建立由街乡党（工）委牵头，对社区（村）、街乡内设机构、区政府职能部门及其派出机构进行分类考评的制度，探索将考评结果与干部选任、公务员评优、绩效奖励等相结合，进一步树立忠诚担当、事业为上的正确导向。强化正向激励，在北京电视台开办《向前一步》《新时代新担当新作为》等栏目，对优秀街乡党（工）委书记和社区、村基层工作人员在"吹哨报到"改革中的先进事迹进行广泛宣传，基层干部备受激励和鼓舞，网民评论积极、反响热烈，纷纷表达对基层干部的理解和敬意，有效激励了干部担当作为。

第二，坚持以改革为动力，积极构建简约高效的基层管理体制。围绕"赋权"，增强街乡统筹协调功能。着眼改善条块关系、明晰权责分配、破除街乡权责不对等问题，重点落实了街乡党（工）委四项权力，即对市、区级层面涉及辖区重大事项的意见建议权，对辖区需多部门协调解决的综合性事项的统筹协调和督办权，对政府职能部门派出机构领导人员任免调整奖惩的建议权，对综合执法派驻人员的日常管理考核权。聚焦街道抓党建、抓治理、抓服务的主责主业，梳理形成北京市街道党工委和办事处的职责清单，明确了6个板块111项街道职责任务，制定了针对15项32个问题的"吹哨报到"专项清单。

聚焦"下沉"，促进条块管理力量聚合。为克服联合执法召集难、配合难，基层治理力量不足的问题，按照"区属、街管、街用"的原则，加强市、区、街政策统筹，将城管执法、安监综合执法等适宜由街乡管理的职能部门派出机构逐步下沉到街乡，在街道乡镇普遍建立实体化综合执法中心，并提出要通过持续深化改革，逐步实现"一支队伍管执法"，真正实现联合执法向综合执法转变。在让各个部门带着职责下去的同时，坚持"减上补下"原则，适当增加街乡、社区（村）人员编制，采取区内调剂、市级补充的方式将人员不足部分逐步充实到位。探索实施"街巷长"制，由街道处级干部担任街长，由街道科级干部担任巷长；明确街巷长"知情、监督、处置、评价"职责，建立"日巡、周查、月评、季点名"机制，切实推动街巷长到街巷院落发现和解决问题。

着眼"增效"，提升街乡服务管理效能。针对街道主责主业不聚焦、内设机构臃肿、运行机制不畅、资源分散等问题，按照扁平化、综合化的原则，开展街道"大部门制"改革，以"6办+1队+3中心"为基本模式，综合设置街道各类机构，变"向上对口"为"向下对应"。从信息系统、网格划分等9个方面，推进城市管理网、社会服务管理网等"多网"融合发展，逐步实现区、街乡、社区（村）三级网的深度融合、一体化运行。开展社区减负专项行动，梳理社区工作事项，完善工作清单，严格社区工作准入事项，依法取消市级部门下派社区工作事项150项、评比达标和示范创建项目31项，市级部门下派到社区的填报表格由原来的16个部门44项精简为7个部门的7项，精简率达到84%。推进社区服务站改革，把各方面服务资源集聚起来，实行一窗受理、集中办理，有效提升了社区工作效能。

第三，坚持以人民为中心，切实打通城市基层治理"最后一公里"。坚持群众诉求就是哨声，构建闻风即动、接诉即办的工作机制。坚持民有所呼、我有所应，针对群众遇到问题不知道找谁、部门面对群众诉求相互推诿扯皮等问题，加快推进各类民生问题热线的清理整合，将与群众生活密切相关、具有城市管理和公共服务职能的政府部门及公共服务企事业单位的投诉、举报、咨询等电话，全部与"12345"市民服务热线对接整合，统一设立北京市民服务热线，实现"一条热线接诉求"。着力完善向街道乡镇、部门双向派单机制，"12345"热线接到群众来电后，根据诉求类型，统一向属地街道乡镇和相关政府职能部门同时派单交办，并要求及时将办理结果向群众点对点反馈，缩短受理反馈时间，切实将群众诉求转化为街乡、部门的具体治理行为。

坚持群众诉求有回音，建立群众诉求全响应机制。对于群众反映的问题，街道乡镇能够自行解决的，及时就地解决；对跨地区、跨部门的复杂问题，及时上报推动解决，真正实现"小事不出社区村、大事不出街乡镇、难题部门能报到、群众诉求全响应"。在实际工作中，对于街乡不能自行解决的问题，重点围绕综合执法、重点工作、应急处置三个方面，由街乡"吹哨"，发出集结令；相关部门"报到"，各类城市管理力量在街乡聚合，共同破解城市治理难题。例如，北京市朝阳区三里屯北三里南42号东侧的百米小巷里曾经遍布酒吧、餐饮和夜店，噪声扰民和环境脏乱差等问题突出，被称为"脏街"，三里屯街道党工委吹响"攻坚哨"，会同有关部门，先后治理开墙打洞35户，拆除违法建筑800多平方米，绿化美化300平方米，通过集中攻坚、综合治理，曾经的"脏街"变为生机盎然的靓街。东城区为破解王府井地区"停车难"问题，吹响"日常哨"，协调协和医院等9家辖区单位提供610个共享车位，并通过公交线路改移、智慧停车建设等工作，打造了全市第一条不停车街区。

坚持群众事情群众办，发动社区群众自我管理自我服务。针对政府治理活动群众了解不深、理解不够、参与度不高等问题，积极健全由党组织领导的居民自治机制，通过议事厅、恳谈会、理事会等，听民声汇民意集民智，拓宽群众参与渠道。健全志愿者参与基层治理引导机制，在全市招募2.3万余名热心居民担任"小巷管家"，履行"每日巡、经常访、及时记、随手做、实时报"等职责，调动居民"自己的事儿自己想、自己管、自己做"。着力培育志愿服务品牌，推进志愿服务常态化，全市涌现出"朝阳群众""西城大妈""石景山老街坊"等一批影响力大的群众组织。充分发挥驻区社会组织作用，开展"回天有我"城事设计大赛，邀请社会学、心理学等领域专家充分听取街乡政府、社区群众意见，对群租房、违法占地整治后的闲置空间——楼宇地下室、街心花园等进行改造设计，着力打造高颜值、强互动的社区生活新空间，群众称赞"回天"有术。

坚持以群众满意为根本，将群众诉求响应率、解决率作为重要评价指标。建立由区委、区政府统一组织，以辖区居民满意度为主、社区和职能部门评价为辅、监督检查和第三方评估相结合的部门、街道工作考核评价机制，综合媒体反映问题、网络诉求和"12345"市民服务热线诉求办理情况，对全市街乡、市级部门和市级公共服务企业进行考评和排名，考评排名结果每月在区委书记点评会上进行通报，倒逼群众反映的问题得到有效解决。真正让部门、街乡和社区"答卷"，人民群众"阅卷"，切实把评判的"表决器"交到群众手中，推动党员干部改善作风、贴近群众、脚步为亲，努力走好新时代党的群众路线。

本章小结

  本章把街道办治理纳入国家治理现代化中进行研究。所谓国家治理现代化，即国家治理体系和治理能力现代化。推进国家治理现代化是以习近平同志为核心的党中央，坚持马克思主义唯物史观，在深刻总结国内外正反两方面经验基础上，立足"两个大局"，基于新的历史方位，提出的重大战略举措和治国理政的基本方略。新时代新征程，随着城镇化和新型城市的不断发展，城市街道治理作为国家治理的重要领域，其重要性也越发凸显。在城市治理体系中，街道是城市治理的重要场域，是城市基层组织的"神经末梢"和最基层的组织单元，在公共服务和社会治理中发挥着重要作用。

  国家治理现代化本质上是中国式现代化的重要组成部分。我们当前所主张的国家治理现代化既不是西方式的现代化，更不是资本主义的治理现代化，而是中国式的治理现代化，社会主义的治理现代化。因此，推进城市街道治理现代化也必然是推进中国社会主义城市现代化的重要命题和必然要求。

  另外，本章也对新中国成立以来城市街道治理的发展轨迹和当前时期街道治理的先进经验进行了初步梳理。自新中国成立以来，中国城市街道治理模式也历经多次变迁，为新时代推进城市街道治理现代化提供了宝贵经验和制度基础。

第二章

中国特色社会主义先行示范区深圳的使命

深圳，中国第一个经济特区。40余年来，深圳特区敢闯敢试、敢为人先，"杀出了一条血路"，为中国经济腾飞注入了强劲动力，创造了诸多发展奇迹，实现了由一座落后的边陲小镇到具有全球影响力的国际化大都市的历史性跨越；实现了由经济体制改革到全面深化改革的历史性跨越；实现了由进出口贸易为主到全方位高水平对外开放的历史性跨越；实现了由经济开发到统筹社会主义物质文明、政治文明、精神文明、社会文明、生态文明发展的历史性跨越；实现了由解决温饱到高质量全面小康的历史性跨越。正如习近平总书记在庆祝深圳经济特区建立40周年大会上发表的重要讲话中指出的，"深圳是改革开放后党和人民一手缔造的崭新城市，是中国特色社会主义在一张白纸上的精彩演绎。深圳广大干部群众披荆斩棘、埋头苦干，用40年时间走过了国外一些国际化大都市上百年走完的历程。这是中国人民创造的世界发展史上的一个奇迹"。

新时代新征程，党和国家事业新的发展目标又赋予了深圳特区新的历史使命——建设中国特色社会主义先行示范区。征途漫漫，唯有奋斗；使命引领，未来可期。40余年来，敢闯敢试、敢为人先、埋头苦干的特区精神激励了一批又一批深圳建设者砥砺奋斗，也必将推动深圳特区始终站在改革开放最前沿，掀起新的改革开放浪潮，为实现第二个百年奋斗目标做出新的更大的贡献。

经过40余年的发展，深圳还是一个年轻的城市，蓬勃向上、欣欣向荣。深圳是广东沧海桑田的历史巨变，昭示的是中国特色社会主义无可比拟的显著优势，瞻望的是中华民族伟大复兴灿烂辉煌的光明前景。

第一节　中国特色社会主义先行示范区提出的历程与背景

改革开放只有进行时，没有完成时。历史与实践已反复证明并将不断证实，改革开放是我们党的一次伟大觉醒，是决定当代中国前途命运的关键一招，是当代中国发展进步的动力源泉，是我们党和人民大踏步赶上时代前进步伐的重要法宝，是坚持和发展中国特色社会主义的必由之路。中国特色社会主义进入新时代，中华民族伟大复兴进入了不可逆转的历史进程，改革也进入了深水区，在这样的背景下，中央赋予了深圳更为光荣和艰巨的使命——建设中国特色社会主义先行示范区。

一、中国特色社会主义先行示范区提出的历程

2012年12月7日，当选中共中央总书记23天的习近平首次离京赴外地考察，来到中国改革开放的前沿广东省，第一站便选择了深圳。而前海则是习近平考察深圳的第一站。作为深圳和香港间的一个综合配套改革区，国务院支持它实行比经济特区更加特殊的先行先试政策，有人称它为"特区中的特区"。习近平总书记感慨地说："建设前海这个地方，使我们看到了深圳初创的景象，一张白纸从零开始，但是可以画最美最好的图画。""开发建设过程中，要充分发挥特区人'敢为天下先'的精神，敢于'吃螃蟹'，落实好国家给予的'比特区还要特'的先行先试政策。"

2015年1月，习近平总书记对深圳做出重要批示，希望深圳牢记使命、勇于担当，在"四个全面"中创造新业绩、增创新优势、迈上新台阶。

2018年3月,习近平总书记参加十三届全国人大一次会议广东代表团的审议时指出,"深圳高新技术产业发展成为全国的一面旗帜,要发挥示范带动作用"。2018年10月,习近平总书记在广东考察时,赋予深圳"朝着建设中国特色社会主义先行示范区的方向前行,努力创建社会主义现代化强国的城市范例"的崇高使命;同年12月26日,习近平总书记对深圳工作做出重要批示,要求深圳朝着建设中国特色社会主义先行示范区的方向前行,努力创建社会主义现代化强国的城市范例。这是中央首次正式提出"中国特色社会主义先行示范区"的概念。

2019年8月18日,《中共中央、国务院关于支持深圳建设中国特色社会主义先行示范区的意见》(以下简称《意见》)正式出台,《意见》指出:"党和国家做出兴办经济特区重大战略部署以来,深圳经济特区作为我国改革开放的重要窗口,各项事业取得显著成绩,已成为一座充满魅力、动力、活力、创新力的国际化创新型城市。当前,中国特色社会主义进入新时代,支持深圳高举新时代改革开放旗帜、建设中国特色社会主义先行示范区,有利于在更高起点、更高层次、更高目标上推进改革开放,形成全面深化改革、全面扩大开放新格局;有利于更好地实施粤港澳大湾区战略,丰富'一国两制'事业发展新实践;有利于率先探索全面建设社会主义现代化强国新路径,为实现中华民族伟大复兴的中国梦提供有力支撑。"

2020年8月,中共中央办公厅、国务院办公厅印发《深圳建设中国特色社会主义先行示范区综合改革试点实施方案(2020—2025年)》(以下简称《实施方案》)。《实施方案》强调要从完善市场化配置体制机制、科技创新环境制度、高水平开放型经济体制、民生服务供给机制、生态环境和城市空间治理体制、打造市场化法治化国际化营商环境这六个方面来支持深化综改试验改革工作。

二、中国特色社会主义先行示范区提出的背景

古语云："先谋于局、后谋于略，略从局出。"也就是说，在制定战略、策略时，需要首先对局势做出正确判断，做到对全局了然于胸，然后再据此确定战略、策略。习近平总书记指出："领导干部要胸怀两个大局，一个是中华民族伟大复兴的战略全局，一个是世界百年未有之大变局，这是我们谋划工作的基本出发点。"①"两个大局"是以习近平同志为核心的党中央站在全局和战略的高度做出的重大战略判断，也是中国特色社会主义先行示范区提出的现实依据所在。

（一）百年未有之大变局

当今世界正处于大发展大变革大调整时期，经历百年未有之大变局。变局中机遇和危险同生并存，世界多极化、经济全球化、文化多样化、社会信息化深入发展，和平与发展仍是时代主题，同时，全球深层次矛盾日益加剧，全球动荡源和风险点增多，我国外部环境复杂严峻。基于此，习近平总书记明确指出："世界面临百年未有之大变局，变局中危和机同生并存，这给中华民族伟大复兴带来重大机遇。"

应对世界多极化新特点。国际格局呈现均衡化态势，守成与崛起之争异常尖锐。一方面，步入21世纪，人类历史并未如福山所言"终结"于西方的自由民主制，反之，非西方式的制度模式与发展模式价值不断显现。尤其是在2008年金融危机的影响下，基于西方中心主义、自由主义、资本主导的逻辑为文明根基的资本主义全球化已触碰到发展"天花板"，美国"一超独霸"局面已难以支撑，欧洲发达国家的世界主导地位和影响力也日渐式微。另一方面，以中国为代表的新兴经济体和发展中国家不断崛起，对全球各领域发展的贡献和影响力不断提升，近些年来，发展中国家贡献了约80%的全球经济增量。全球经济版图中

---

① 习近平. 习近平谈治国理政：第三卷［M］. 北京：外文出版社，2020：77.

"东升西降""南升北降"态势进一步发展,国际力量对比日益趋于平衡,推进了世界多极化深入发展。世界多极化必然是一个长期的、曲折的斗争过程。近年来,以美国为首的守成大国,为维持自身霸权利益,一直致力于在全球推行霸权主义、强权政治和单边主义,通过挑起贸易战、军事威胁、"颜色革命"等各种方式对崛起国家围追堵截,抑制其崛起进程,美国等国家的单极思维与世界多极化诉求之间的博弈、守成国与崛起国之间的矛盾逐渐尖锐化。

国际秩序之争进入深水区和空前复杂区。当前的国际秩序是在西方发达国家占据绝对力量优势下制定的并以维护其全球主导地位为目的的"非中性"国际规则体系,从产生之初就具有排他性和等级性,作为国际等级秩序的维护工具,其本质上就缺乏价值正当性和制度合法性。因此,在以往很多时候,这种国际秩序会成为西方资本主义国家转嫁国内危机和矛盾、推广其文化和制度模式、维护其霸权地位的工具和手段。随着全球化不断走向深入,旧问题日趋尖锐和新问题不断产生,现有国际秩序的控制范围和治理力度便愈显捉襟见肘,全球治理需求供给明显不足。另外,随着国际力量对比的此消彼长,尤其是东西差距、南北差距的不断缩小,全球治理主导权力的转移与分散趋势越发明显,新兴市场和发展中国家的国际话语权与全球治理参与权诉求不断增长,要求重构全球秩序、推进国际关系民主化的呼声愈发强烈,霸权秩序的维护与正义民主秩序的需求之间的矛盾异常尖锐化。

2018年3月以来,面对美国政府单方面发起的中美经贸摩擦,中国不得不采取有力应对措施,切实维护国家和人民利益。同时,中国始终坚持通过对话协商解决争议的基本立场,与美国开展多轮经贸磋商,努力稳定双边经贸关系。中国的态度是一贯的、明确的,对于两国经贸分歧和摩擦,中国希望采取合作的方式加以解决,推动达成互利双赢的协议。但合作是有原则的,磋商是有底线的,在重大原则问题上中国决不会让步!

应对经济全球化新趋势。自 2008 年金融危机以来，全球经济增速疲软且动力不足，逆全球化、保护主义等思潮逐渐抬头，阻碍全球化发展进程，尤其是新冠肺炎疫情的全球性蔓延，更是加剧了全球经济下行压力，全球经济面临重大风险。习近平总书记明确指出："世界经济进入深度调整期，整体复苏艰难曲折，国际金融领域仍然存在较多风险，各种形式的保护主义上升，各国调整经济结构面临不少困难，全球治理机制有待进一步完善。实现各国共同发展，依然任重而道远。"[①]

单边主义、贸易保护主义愈演愈烈，自由贸易和多边主义遭遇逆流。随着全球多元主体普遍交往的不断深入和扩展，合作与发展已经成为世界各国的基本共识。坚持自由贸易、多边主义也成为国际社会的普遍诉求。但是，自 2008 年金融危机以来，单边主义、贸易保护主义等思潮逐渐兴起泛滥。自 2017 年伊始，美国便提出所谓"美国优先"理念，进一步助推了单边主义、贸易保护主义及逆全球化的趋势。近几年来，美国先后退出跨太平洋伙伴关系协定（TPP）、联合国人权理事会、联合国教科文组织、巴黎气候协定等国际组织和多边平台，并扬言要退出世界贸易组织，更是针对以中国为主的多个国家在全球挑起全面贸易战。美国这种"不合群"且"村霸式"的行径显然违背了全球化发展的潮流趋势，更是对世界和平与发展带来了诸多风险挑战。

同时，新一轮科技革命和产业革命孕育兴起为我们创造了赶超发达国家的机会"窗口"。当今世界，科技发展日新月异，人工智能、量子科技等新技术成果层出不穷，新的经济增长点不断孕育，科技领域的竞争愈演愈烈，各个国家纷纷抢占科技制高点。新一轮科技革命为我们带来了前所未有的竞争与挑战，甚至是超级大国的围追堵截，但同时也为我们转变经济发展方式、优化经济结构、实现后发优势的动能转换升级

---

① 习近平. 中共中央政治局常务委员会召开会议分析国内外新冠肺炎疫情防控和经济运行形势 研究部署落实常态化疫情防控举措全面推进复工复产工作［N］. 人民日报，2020-04-09（1）.

<<< 第二章 中国特色社会主义先行示范区深圳的使命

提供了难得的机遇。正如习近平总书记指出的,"即将出现的新一轮科技革命和产业变革与我国加快转变经济发展方式形成历史性交汇,为我们实施创新驱动发展战略提供了难得的重大机遇。"①

(二) 中华民族伟大复兴战略全局

中国特色社会主义进入新时代,改革发展稳定任务之重、矛盾风险挑战之多、治国理政考验之大前所未有。"备豫不虞,为国常道",越是临近民族复兴越不会一帆风顺,越充满风险挑战乃至惊涛骇浪。

围绕实现中华民族伟大复兴总任务,我们党在十八大提出了"两个一百年"奋斗目标,党的十九大提出了"两步走"战略安排,绘就了实现第二个百年奋斗目标的宏伟蓝图。

基于此,我们必须站在全局战略的高度,统筹好国内国外两个大局,既要坚持独立发展,搞好自身建设,着力防范和化解各种风险挑战,又要顺应世界大势,推动经济全球化进程,积极参与全球治理,不断推进全面对外开放的新格局;既要不断创造并牢牢把握自身发展所带来的内生性机遇,也要抓紧抓实用好世界外部环境为我们带来的外生性机遇,并通过与其他国家不断分享机遇,从而为全人类共同发展创造更持久更大的机遇。

统筹好"两个大局"的理念早在习近平还在浙江担任省委书记时就有了"雏形"。他在《浙江日报》"之江新语"专栏发表的文章中指出,"(我们要)正确把握时代发展的趋势,努力从国际国内形势的相互联系中把握发展方向,从国际国内条件的相互转化中用好发展机遇,从国际国内资源的优势互补中创造发展条件,从国际国内因素的综合作用中掌握发展全局。"②

---

① 习近平. 敏锐把握世科技创新发展趋势 切实把创新驱动发展战略实施好 [N]. 人民日报, 2013-09-30 (1).
② 习近平. 机遇总是垂青勇于竞争的人 [M] //习近平. 之江新语. 杭州:浙江人民出版社, 2007:47.

43

第二节 中国特色社会主义先行示范区对深圳提出的目标与使命

2020年10月14日，习近平总书记出席深圳经济特区建立40周年庆祝大会并发表重要讲话，对新时代经济特区在更高起点上推进改革开放做出重大战略部署。中国特色社会主义进入新时代，支持深圳高举新时代改革开放旗帜、建设中国特色社会主义先行示范区，具有重要意义：有利于在更高起点、更高层次、更高目标上推进改革开放，形成全面深化改革、全面扩大开放新格局；有利于更好实施粤港澳大湾区战略，丰富"一国两制"事业发展新实践；有利于率先探索全面建设社会主义现代化强国新路径，为实现中华民族伟大复兴的中国梦提供有力支撑。同时，建设中国特色社会主义先行示范区意味着中央对深圳提出了更高的要求：第一，中央提出深圳建成"先行示范区"，并没有取消经济特区，深圳经济特区的历史使命依然没有完成；第二，深圳经济特区叠加先行示范区肩负起了新的历史使命，即探索新时代下中国特色社会主义现代化建设的道路与模式，打造中国式现代化城市样本、社会主义现代化强国的城市样本。

一、中国特色社会主义先行示范区对深圳提出的目标

《中共中央国务院关于支持深圳建设中国特色社会主义先行示范区的意见》要求深圳到2025年经济实力、发展质量要跻身全球城市前列，研发投入强度、产业创新能力成为世界一流，文化软实力与公共服务水平，以及生态环境质量要达到国际先进水平。到2035年，深圳高质量发展成为全国典范，城市综合经济竞争力世界领先，建成具有全球影响力的创新创业创意之都,成为我国建设社会主义现代化强国的城市范例。到2049年,深圳以更加昂扬的姿态屹立于世界先进城市之林,成为竞争力、创新力、影响力卓著的全球标杆城市。

中央具体要求深圳实现"五个率先"。第一,率先建设体现高质量发展要求的现代化经济体系;第二,率先营造彰显公平正义的民主法治环境;第三,率先塑造展现社会主义文化繁荣兴盛的现代城市文明;第四,率先形成共建共治共享共同富裕的民生发展格局;第五,率先打造人与自然和谐共生的美丽中国典范。

(一)率先建成体现高质量发展要求的现代化经济体系

关于现代化经济体系。要求加快实施创新驱动发展战略,具体举措包括建设综合性国家科学中心,建设5G、人工智能、网络空间科学与技术、生命信息与生物医药实验室,建设国际科技信息中心,建设全新机制的医学科学院,推动知识产权证券化,建设知识产权和科技成果产权交易中心,推动建立全球创新领先城市科技合作组织和平台,实现更方便的人才引进和出入境管理制度,允许取得永久居留资格的国际人才在深圳创办科技型企业、担任科研机构法人代表。

关于现代产业体系。要求发展战略性新兴产业,在未来通信高端器件、高性能医疗器械等领域创建制造业创新中心。具体举措包括建立更具弹性的审慎包容监管制度,积极发展智能经济、健康产业等新产业新业态,建设国家数字经济技术创新发展综合试验区,提高金融服务实体经济能力,研究完善创业板发行上市、再融资和并购重组制度,创造条件推动注册制改革,开展数字货币研究与移动支付等创新应用,促进与港澳金融市场互联互通和金融(基金)产品互认,探索创新跨境金融监管。

关于全面深化改革开放新格局。要求坚持社会主义市场经济改革方向,具体举措包括完善产权制度,高标准高质量建设自由贸易试验区,试点深化外汇管理改革,推动更多国际组织和机构落户深圳,举办国际大型体育赛事和文化交流活动，建设国家队集训基地，承办重大全球主场性外事项目，加快建设全球海洋中心城市，按程序组建海洋大学和国家深海科考中心，探索设立国际海洋开发银行。

关于粤港澳大湾区。推动粤港澳大湾区建设是深圳作为中国特色社会主义先行示范区最重要的作用之一，具体举措包括深化前海深港现代服务业合作区改革开放，不断提升对港澳开放水平，加快深港科技创新合作区建设，推进深莞惠联动发展，促进珠江口东西两岸融合互动，推广深汕特别合作区管理体制机制。

（二）率先营造彰显公平正义的民主法治环境

全面提升民主法治建设水平。在党的领导下扩大人民有序政治参与，坚持和完善人民代表大会制度，加强社会主义协商民主制度建设。具体举措包括：用足用好经济特区立法权，继续推动法治政府建设，加强全面普法力度。

优化政府管理和服务。具体举措包括健全政企沟通机制，激发和弘扬优秀企业家精神，完善企业破产制度，打造法治化营商环境，深化"放管服"改革，全面推行权力清单、责任清单、负面清单制度，推进"数字政府"改革建设，改革完善公平竞争审查和公正监管制度。

促进社会治理现代化，提高社会治理智能化专业化水平，具体举措包括综合应用大数据、云计算、人工智能等技术，完善社会信用体系建设，率先构建统一的社会信用平台，加快建设智慧城市，支持深圳建设粤港澳大湾区大数据中心。探索完善数据产权和隐私保护机制，加强基层治理，改革创新群团组织、社会力量参与社会治理模式。

（三）率先塑造展现社会主义文化繁荣兴盛的现代城市文明

全面推进城市精神文明建设。进一步弘扬开放多元、兼容并蓄的城市文化和敢闯敢试、敢为人先、埋头苦干的特区精神，大力弘扬粤港澳大湾区人文精神，把社会主义核心价值观融入社会发展各方面，加快建设区域文化中心城市和彰显国家文化软实力的现代文明之城。具体举措包括规划建设一批重大公共文化设施，鼓励国家级博物馆在深圳设立分馆，推动深圳与香港、澳门联合举办多种形式的文化艺术活动，开展跨界重大文化遗产保护。

发展更具竞争力的文化产业和旅游业。具体举措包括大力发展数字文化产业和创意文化产业，建设创新创意设计学院，设立面向全球的创意设计大奖，打造一批国际性的中国文化品牌，推动国际邮轮港建设。

（四）率先形成共建共治共享共同富裕的民生发展格局

提高教育医疗事业发展水平。具体举措包括：支持深圳在教育体制改革方面先行先试，加快创建一流大学和一流学科，建立健全适应"双元"育人职业教育的体制机制，加快构建国际一流的整合型优质医疗服务体系和以促进健康为导向的创新型医保制度，建立与国际接轨的医学人才培养、医院评审认证标准体系，放宽境外医师在内地的执业限制，先行先试国际前沿医疗技术。

完善社会保障体系。实施科学合理、积极有效的人口政策，逐步实现常住人口基本公共服务均等化。具体举措包括进一步完善多层次养老保险制度框架，推动一体化的社会保险公共服务平台率先落地，推进在深圳工作和生活的港澳居民民生方面享有"市民待遇"，加快完善保障性住房与人才住房制度。

（五）率先打造人与自然和谐共生的美丽中国典范

完善生态文明制度。落实生态环境保护"党政同责、一岗双责"，实施最严厉的生态环境保护制度，强化环境监督执法检查，对违法行为"零容忍"。具体举措包括构建以绿色发展为导向的生态文明评价考核体系，探索实施生态系统服务价值核算制度，完善环境诚信评估、信息强制性披露等生态环境保护政策，健全环境公益诉讼制度，深化自然资源管理制度改革，创新高度城市化地区耕地和永久基本农田保护利用模式。

构建城市绿色发展新格局。坚持生态优先,加强陆海统筹,严守生态红线,保护自然岸线。具体举措包括实施重要生态系统保护和修复重大工程,推进重点海域污染物排海总量控制试点,提升城市灾害防御能力,加强粤港澳大湾区应急管理合作,加快建立绿色低碳循环发展的经济体系,大力发展绿色产业,促进绿色消费,发展绿色金融。

二、中国特色社会主义先行示范区对深圳提出的新要求

建设中国特色社会主义先行示范区是新时代党中央赋予深圳的重要而又光荣的使命,是中央对深圳提出的更高的发展要求。中央对于深圳的要求是明确的。首先,要继续先行先试;其次,不仅要先行先试,而且要将先行先试的成功经验向其他城市与地区推广,要肩负起作为其他城市与地区学习、借鉴的"示范区"使命。

第一,要先行先试。先行先试重在敢闯敢干、敢于创新。1984年6月,邓小平同志在会见阿尔及利亚民族解放阵线党代表团时提道:"深圳经济特区是个试验,路子走得是否对,还要看一看。它是社会主义的新生事物。搞成功是我们的愿望,不成功是一个经验嘛。""这是个很大的试验,是书本上没有的。"[①] 1992年1月,邓小平同志在"南方谈话"中又强调:"深圳的重要经验就是敢闯。没有一点闯的精神,没有一点'冒'的精神,没有一股气呀、劲呀,就走不出一条好路,走不出一条新路,就干不出新的事业。"[②] 深圳敢闯敢试,"杀出了一条血路",创造了无数个第一:建立中国第一个外向型经济开发区,第一个打破平均主义"大锅饭"工资制度,敲响新中国土地拍卖"第一槌",出台全国第一个保护改革创新的专项法规,全国第一个创建国家创新型

---

① 邓小平. 邓小平文选:第三卷 [M]. 北京:人民出版社,1993:130.
② 邓小平. 邓小平文选:第三卷 [M]. 北京:人民出版社,1993:130.

城市试点……40余年间，深圳创造了1000多项全国第一，被誉为"创新之城"。苟日新，日日新。进入新时代，深圳的创新步伐仍未停止，不断为国家社会经济发展注入强劲动力。2019年2月12日，《深圳特区报》报道："被称为'特区中的特区'的前海，平均每3天推出一项制度创新成果，为深化改革开放提供了极具价值的'前海样本'。"

第二，不仅要先行先试，而且要示范引领。所谓示范，即可复制、可推广，要具有引领作用。正如中共中央党校（国家行政学院）教授王小广所指出的，"先行先试重在'敢闯敢干'，而先行示范则体现更高的标准，甚至是国际标准；先行先试只要符合深圳的实际就行，而先行示范既要符合深圳的实际，又要将有关经验制度化、法制化，使其具有普遍的价值，适合全国学习、推广"[1]。这就意味着深圳的示范不仅仅局限于某一领域、某一方面的示范引领，而是要实现全方位、全过程、全覆盖的示范引领，要打造社会主义现代化强国的城市范例。

另外，不仅要示范，而且要走在全国前列，发挥独特作用。党的二十大报告明确指出，全面建成社会主义现代化强国，总的战略安排是分两步走：从2020年到2035年基本实现社会主义现代化；从2035年到21世纪中叶把我国建成富强民主文明和谐美丽的社会主义现代化强国。中国特色社会主义先行示范区要求深圳在2035年发展成为全国典范，城市综合经济竞争力世界领先，建成具有全球影响力的创新创业创意之都，成为我国建设社会主义现代化强国的城市范例。这就意味着深圳要提前15年打造出我国建设社会主义现代化强国的城市范例。

虽然经过改革开放40多年的发展，深圳在许多方面都领先全国其他城市，且当下身兼"四区"叠加优势，但是面对百年未有之大变局，面对中华民族伟大复兴的全局，深圳要提前15年建成现代化城市范例，必须做好三件事。第一件事，必须调动一切可以调动的力量与积极性。

---

[1] 王小广. 中国特色社会主义先行示范区怎么干[J]. 瞭望, 2019 (31): 10.

不仅调动市级力量与积极性，而且调动区级力量与积极性，不仅调动区级力量与积极性，而且调动包括街道办在内的基层的力量与积极性。第二件事，不仅要做好"顶层设计"，而且要鼓励创新突破。不要忽略任何一次创新，包括街道办在内的基层力量的任何一次"小"的创新尝试，汇集在一起就将成为推动深圳向前的"大"的推动力。第三件事，不仅要推动工业国防科技现代化，而且要推动国家治理体系与治理能力现代化。如果把前者比喻为四个现代化，那么，后者就是第五个现代化。第五个现代化不仅是保障前四个现代化的关键，而且是推动实现中国式现代化，以中国式现代化引领中华民族伟大复兴中国梦的核心所在。

本章小结

本章提出作为中国特色社会主义先行示范区的深圳，要把推动街道办治理体系与治理能力现代化纳入城市现代化的历程中，要把街道办治理体系与治理能力现代化的问题纳入建设中国式现代化城市、打造城市文明典范的"顶层设计"。

城市治理如同人的五个指头，长短不一，其中，街道办治理往往是城市治理的"短板"。作为中国特色社会主义先行示范区的深圳，先行先试，勇于创新，补齐街道办治理"短板"，就是为中国特色社会主义进入新时代后的城市提供了示范样板。尽管不同城市的发展水平不同、发展速度不同，但是，城市化进程依然是中国不同城市发展的共性。城市不断扩容、人口不断增多，不同的城市面临类似的发展问题。因此，对城市街道办治理规律的研究，具有理论价值，更具现实意义。

第三章

石井街道治理环境与条件分析

石井街道，隶属于广东省深圳市坪山区，是坪山区下辖的6个街道之一。作为当前深圳"双区"建设的重要节点区域，石井街道已成为坪山与大鹏国际生物谷、惠州大亚湾深度融合、联动发展的先行地，肩负着重要的使命和任务。

第一节 石井街道办概况及基本职能

一、石井街道办的发展概况

2016年10月19日，坪山新区举行新设街道办揭牌仪式，将原坪山办事处、坑梓办事处拆分为坪山、坑梓、龙田、石井、马峦、碧岭街道办事处。石井街道办位于坪山区东南部，与大鹏新区毗邻，是坪山区的南大门，辖区面积36.52平方公里，下辖石井、金龟、田心、田头4个社区、36个群众小组。

（一）石井街道办的社区概况

金龟社区。金龟社区位于石井街道办事处东南部，毗邻深圳东部大鹏新区葵涌办事处，总面积13.852平方公里，下辖坪头岭、新塘、田作、半坝、金地、同石、金成7个居民小组，常住人口约1200人，其中户籍群众553人。辖区内生态环境优美，森林覆盖率达93%，从

1991年起，相继被省、市划为重点水源保护区、高压走廊区、省重点风景林保护区、重点生态控制线范围和田头山自然资源保护区，同时三条高压燃气（成品油）管道跨辖区通过。

石井社区。石井社区位于石井街道办事处北部，北靠大工业区，与竹坑、沙堂、南布、田头、金龟相邻。总人口2.82万多人，其中户籍人口2212人，暂住人口2.6万多人。辖区面积8.6平方公里，社区下辖草埔、李屋、太阳村、望牛岗、横塘、老屋、田头埔、上屋、下屋、岭脚、石井、井子吓、石陂头13个居民小组。

田头社区。田头社区位于石井街道办事处东部，辖区东起田心社区，南靠田头山，毗邻金龟社区，西至石井社区，北至竹坑社区。社区总面积4.6平方公里，生态控制线面积约2.1平方公里，总人口约1万人，其中户籍人口988人，流动人口约9000人，下辖新曲、上村、老围、矮岭、马安岭、求水岭6个居民小组，辖区共有企业90多家。

田心社区。田心社区位于石井街道办事处最东部，东、北面毗邻惠州大亚湾西区，南连田头山，西邻田头社区。辖区总面积约9.5平方公里，下辖树山背、罗谷、杜岗岭、上洋、向阳、对面喊、散屋、新屋地、新联、水祖坑10个居民小组。2015年，总人口约5800人，其中户籍人口约1210人。社区划定生态控制线范围6.8平方公里，水源保护区范围1.76平方公里以及田头山自然保护区，社区约90%的面积被规划控制。

改革开放后，随着行政区划的不断变更、城市化进程的加速推进，石井也经历了由乡到街道的调整变迁过程。1983年7月，坪山公社改为宝安县坪山区公所，下辖16个乡，石井与金龟、田心、田头等调整为宝安县坪山区公所下辖的乡；1986年10月，坪山区公所调整为坪山镇，石井与金龟、田心、田头等变为平山街道办所辖的社区。2004年9月，坪山镇撤销，设立坪山街道办事处（1992年11月—2016年9月属于龙岗区管辖），石井与金龟、田心、田头等变为坪山街道办所辖的社区。2016年10月，坪山街道办事处正式成为深圳市的行政区之一，在坪山街道办和坑梓街道办分设的基础上，成立了石井街道办事处，下辖石井、金龟、田心、田头4个社区。自成立伊始，石井街道办深入贯彻落实坪山区加快建设深圳东部中心和特区发展第三极的决策部署，牢牢把握深圳东进、坪山高新区建设的战略机遇，在党的建设、民生保障、基层治理、经济发展等方面取得了长足发展，是深圳实施"东进战略"的桥头堡和主战场。

（二）石井街道办的人口特点

人口流动较快，"人口倒挂"现象突出。坪山区人口构成中，本地户籍群众数量较少，外来人口数量众多，流入人口较多，"人口倒挂"现象突出。（如表3-1所示）

表3-1 2019年末深圳市分区常住人口

	常住人口（万人）	户籍人口	非户籍人口	比上年末增长（%）		
				常住人口	常住户籍人口	常住非户籍人口
全市	1343.89	494.78	849.11	3.2	8.8	0.1
福田区	166.29	107.08	59.22	1.8	2.7	0.1
罗湖区	105.66	61.72	43.94	1.6	1.8	1.4
盐田区	24.36	7.99	16.37	0.3	6.0	-2.3
南山区	154.58	98.00	56.57	3.5	6.3	-1.1
宝安区	334.25	65.10	269.15	2.6	13.6	0.2
龙岗区	250.86	83.80	167.06	5.1	15.1	0.7
龙华区	170.63	40.90	129.73	2.0	20.0	-2.6

续表

	常住人口（万人）	户籍人口	非户籍人口	比上年末增长（%）		
				常住人口	常住户籍人口	常住非户籍人口
坪山区	46.30	9.15	37.15	3.7	23.7	-0.2
光明区	65.80	10.07	55.73	5.3	30.1	1.8
大鹏新区	15.82	3.96	11.86	3.4	2.2	3.8
深汕特别合作区	9.34	7.01	2.33	24.3	0.9	309.8

石井街道办所辖4个社区中，金龟社区主要以山林为主，位于赤坳水库一级水源保护区内，企业数量较少，以本地群众为主，其他3个社区都以外来人口为主。（如表3-2所示）

表3-2 石井街道办所辖社区人口结构

社区	辖区面积（平方公里）	总人口（人）	户籍群众（人）	群众小组（个）
石井	8.60	28205	2668	13
田头	4.60	9000	1113	6
金龟	13.85	1000	691	7
田心	9.50	5800	1500	10
合计	36.55	44005	5972	36

资料来源：坪山区政府官方网站

（三）石井街道办的企业特点

辖区群众对社区街道办的归属感和认同度较低。石井街道办所辖4个社区中，有各类企业390家，大量的外来人口居住在出租屋中，工作在企业中，工作和生活空间相对"封闭"，又加上外来群众作为流入者，自身带有些许自卑感，自我认同度低，对社区缺乏归属感；而本地群众又有强烈的自豪感，认同自己是深圳人，对社区的认同感较低，因此，社区与社区物理距离的分割以及归属感认同度的"割裂"，导致社区内本地群众的排外和外地群众的内卷，对社区、街道办的归属感和认同度均处于比较低的水平。

（四）石井街道办的经济发展水平

2021年是中国共产党成立100周年，是实施"十四五"规划、开启全面建设社会主义现代化国家新征程的第一年。坪山区坚持以习近平新时代中国特色社会主义思想为指导，全面贯彻落实习近平总书记对广东、深圳系列重要讲话和重要指示批示精神，认真贯彻落实党中央国务院、省委省政府、市委市政府和区委的决策部署，坚持新发展理念，全力抢抓"双区"驱动、"双区"叠加、"双改"示范等重大历史机遇，攻坚克难、开拓创新、奋力拼搏，实现经济社会各项事业开创新局面。

第一，经济发展成功整体转型。从坪山整体来看，2009年成立坪山新区以来，地区生产总值逐年增长，增速一直高于深圳市平均水平。2020年坪山区全区实现生产总值805.67亿元，2021年增长到910.6亿元，按可比价格计算，同比增长（以下简称增长）11.7%，居全市各区第三，增速高于全市2.5个百分点。（如图3-1所示）

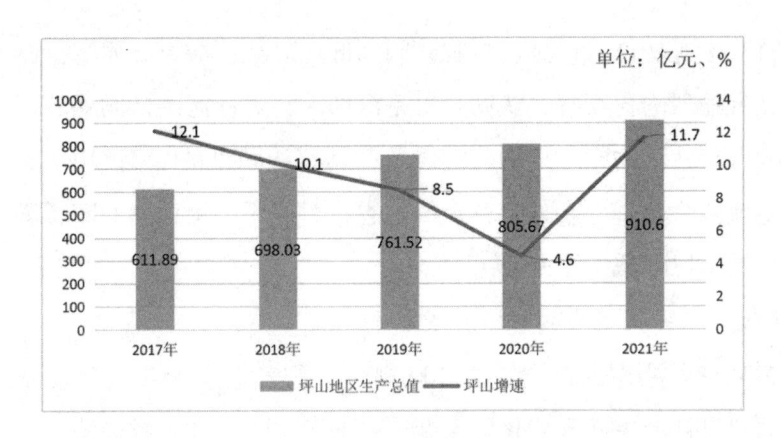

图 3-1　2017—2021 年坪山生产总值及其增速变化情况

按产业看，第一产业增加值 1.13 亿元，增长 9.9%；第二产业增加值 593.4 亿元，增长 13.9%，其中工业增长 13%，建筑业增长 23.8%；第三产业增加值 316.07 亿元，增长 7.7%，三次产业结构比重为 0.1∶65.2∶34.7。第三产业中，批发和零售业增加值 59.73 亿元，增长 22.5%；交通运输、仓储和邮政业增加值 3.87 亿元，增长 3.5%；住宿和餐饮业增加值 7.23 亿元，增长 5.6%；金融业增加值 30.55 亿元，下降 2.5%；房地产业增加值 67.94 亿元，增长 0.8%；其他服务业增加值 146.61 亿元，增长 8.3%。全年战略性新兴产业增加值 390.34 亿元，占地区生产总值比重 42.9%。其中，绿色低碳增加值 125.72 亿元；生物医药和健康增加值 64.81 亿元；新一代电子信息增加值 114.27 亿元。

在坪山区加快实施东进战略，积极构建深圳东部中心和特区发展第三极的背景下，石井实现了由农业经济向工业经济的整体转型。但是由于石井街道办地理位置较偏、发展相对较慢、城市化水平偏低，目前还处于工业转型升级、城市开发建设的起步阶段，"大村经济靠厂房、小村经济靠种养"的特征比较突出。

石井所辖 4 个社区中，田心和田头社区农业基础较好，田心是政府规划的"菜篮子"工程所在地；金龟社区是水资源保护区，主要以农业和旅游业为主。工业发展方面，以制造和加工业为主，产业附加值低、资源消耗量大，转型升级的任务繁重；数量众多的劳动密集型中小型企业，进入门槛较低、就业形式灵活，吸引了大量的外来人口聚集。

第二，固定资产投资与房地产稳步增长。2021年，全年固定资产投资总额增长15.9%，占全市固定资产投资总额比重5.8%。固定资产投资总额中，房地产开发项目投资额下降15.9%；非房地产开发项目投资额增长31.4%。分行业看，第二产业投资额增长44.7%，其中制造业投资额增长46.9%，占坪山区固定资产投资总额比重25.4%。第三产业投资额增长8.0%。在第三产业中，房地产业、交通运输、仓储和邮政业及水利、环境和公共设施管理业投资额所占比重较大。房地产业投资额占比26.8%，投资额下降10.8%；交通运输、仓储和邮政业投资额占比16.6%，投资额增长50.1%；水利、环境和公共设施管理业投资额占比12.4%，投资额下降2.2%。（如表3-3所示）

表3-3　2021年坪山区分行业固定资产投资额增速表

行业	增速（%）
固定资产投资总额	15.9
第二产业	44.7
制造业	46.9
电力、燃气及水的生产和供应业	15.5
第三产业	8.0
交通运输、仓储和邮政业	50.1
房地产业	-10.8
租赁和商务服务业	64.9
科学研究和技术服务业	100.0
水利、环境和公共设施管理业	-2.2

续表

行业	增速（%）
科技推广和应用服务业	387.1
教育	-5.9
卫生和社会工作	36.5
文化、体育和娱乐业	83.2
批发和零售业	100.0

第三，教育和科技发展势头较好。几年来，"创新坪山"崭露头角。2021年全年专利授权量10649件，增长28%。其中，发明专利授权量1660件，增长32.7%；实用新型专利授权量7007件，增长31.2%；外观设计专利授权量1982件，增长14.9%。截至2021年年末，坪山区拥有国家级高新技术企业696家，较上年增加141家，增速25.4%。全年使用科技创新专项资金4.36亿元。仅2018年，坪山区新增高层次人才68人、海外团队62个、院士团队5个、院士工作站4个；累计有3家企业获国家科技进步奖，3家企业获中国专利奖，2家企业获市长质量奖，获奖数量均位居全市前列。城区知名度和影响力显著提升。

第四，商业发展稳步增长。批发业商品销售额1529.84亿元，增长63.8%；零售业商品销售额103.30亿元，增长10.4%；住宿业营业额2.99亿元，增长33.4%；餐饮业营业额15.78亿元，增长9.8%。全年实现社会消费品零售总额181.15亿元，增长19.2%。全年限额以上批发和零售业企业商品销售总额1514.65亿元，增长65.2%。其中，批发业总额1497.67亿元，增长65.7%；零售业总额16.98亿元，增长31.6%。按产品类型看，汽车类销售额1038.45亿元，增长111.35%；中西药品类销售额181.20亿元，下降0.77%；金属材料类销售额

34.37亿元,增长46.44%;粮油、食品、饮料、烟酒类销售额16.92亿元,下降4.3%;机电产品及设备类销售额21.29亿元,增长30.0%。(如图3-2所示)

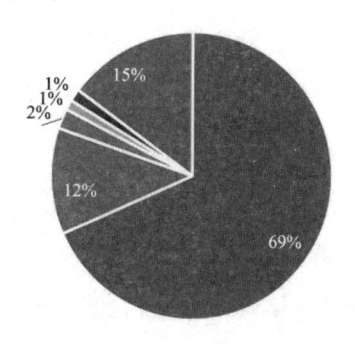

图3-2 2021年坪山区限额以上批发零售产品销售情况

(五)石井街道办的治安状况

石井街道办治安状况总体良好,没有出现任何恶性治安事件。

第一,治安警情持续下降明显。以2018年为例,深圳市110刑事治安总警情持续下降,影响群众安全感警情降幅明显。2018年,深圳市共接报110刑事治安警情15.7万件,比上年下降23.1%。其中,刑事警情、治安警情分别下降12.2%、26.1%。110刑事治安警情在2016年、2017年、2018年连续保持20%以上的高降速,分别比上一年下降25.3%、24.9%、23.1%。"盗抢骗"和八类暴力犯罪曾一度严重影响人民群众安全感,但2018年,深圳"两抢"警情加速下降至257件,比上年下降42.4%,人民群众深恶痛绝的"飞车抢夺"历史性实现"零接警"。

各区110刑事治安警情均比上年下降。其中,盐田区降幅最大,达到27.6%，其次是龙岗区和福田区，分别下降27.4%和27.1%，罗湖区降幅最小，为9.8%。从数量上看，宝安、龙岗、龙华区三区合占全市的56.4%，仍是全市警情多发区域；原特区内南山、福田、落户和盐田区合占全市的32.1%；光明、坪山区及大鹏新区合占全市的8.9%。

2018年全市警情走势和往年基本一致，年末岁初仍然是警情高发期。从2018年全市公安监所（看守所、拘留所、戒毒所）收押人员情况看，男性、青壮年占绝大多数，青壮年违法犯罪问题依然突出。新收押人员以男性为主，占86.9%；深圳户籍者占总数的4.7%。从年龄结构方面看，18~39岁的青壮年入所人员占比达69.1%。

第二，石井街道办治安形势趋于良好。2018年石井街道办立案查处73宗，"双随机"完成率100%；拆除违规充电设施1961个，清理电动车违规停放建筑9930栋次，清理电动自行车1681辆次，建成充电点455处、充电位1363个，用实际行动夯实电动自行车安全基础；在防御台风等恶劣天气中，转移安置群众1892名；召开4次扫黑除恶专项斗争推进会，发动群众，排查并移交涉黑涉恶线索4条，筑牢安全"压仓石"。

以落实安全主体责任为主线，深入开展安全生产大检查。重点推进粉尘涉爆企业、危化企业、锂电池、电气火灾防范、有限空间专项整治，重拳整治交通乱象，全面纳管小散零星工程，检查企业767家次，复查508家次，发现安全隐患5760处，整改安全隐患5047处；全面动员，深入开展"三小场所"、出租屋消防安全巡查整治，打响"岁末年初安全大检查"攻坚战，拆除不合格热水器，收缴热得快，有力保障人民群众生命财产安全，实现安全形势平稳有序。

成功应对暴雨、超强台风等极端天气事件。瞄准山塘水库、河道、低洼内涝点、老屋村、危化品仓库等重点区域，提前开展隐患排查整改；普及应对知识，实现不伤一人的目标，避免发生重大财产损失；逐户统计受灾情况，迅速开展灾后自救，共处理倒伏树木273棵，受损路灯44处，排查隐患点167个，整治山体塌方2处，清理垃圾360吨，加固广告牌等构筑物52处，保障道路交通和群众出行安全。

推行欠薪报告制度，主动约谈企业、工地负责人，全年受理劳动仲裁案件72件，审结65件；全年调解各类矛盾纠纷约160件，力争将矛盾纠纷化解在基层；发生警情285宗，同比下降20.61%，社区治安队伍建设进一步加强，巡逻管控更加严密，治安形势趋于良好。

二、石井街道办的主要职责

中共深圳市坪山区石井街道工作委员会（简称石井街道党工委）为中共深圳市坪山区委的派出机关；深圳市坪山区石井街道办事处（简称石井街道办事处）为深圳市坪山区人民政府的派出机关。石井街道党工委与石井街道办事处合署办公，石井街道党工委、办事处集中精力抓党建、抓治理、抓服务，重点履行加强党的建设、统筹社区发展、实施公共管理、组织公共服务、维护公共安全等方面职能，全面负责辖区地区性、社会性、群众性工作的统筹组织协调工作。主要职责：

（1）宣传贯彻落实党和国家各项方针政策和法律法规，严格执行上级的决议、决定。研究决定街道党的建设、公共服务、公共管理、公共安全等方面的重大问题，及时向区委报告辖区有关情况、反映问题、提出意见建议。团结并组织党员、干部和群众，努力完成各项任务。

（2）履行全面从严治党主体责任，全面推动辖区党的政治建设、思想建设、组织建设、作风建设、纪律建设，把制度建设贯穿其中，继续强化党对反腐败工作的统一领导，深化标本兼治，增强反腐倡廉力度。

（3）落实基层党建工作责任制，统筹协调辖区内各领域党建工作，整合调动各类党建资源，实现党的组织和工作全覆盖。认真抓好党员教育、管理、监督、服务和发展党员工作，充分发挥基层党组织战斗堡垒和党员先锋模范作用。

（4）贯彻党管干部原则，遵循信念坚定、为民服务、勤政务实、敢于担当、清正廉洁的好干部标准，加强干部队伍建设，完善干部培养选拔机制，加强干部教育培训，从严监督管理干部。依照有关规定对区直、市直部门派驻街道机构干部的任免、奖惩提出意见。贯彻党管人才原则，按照党中央和上级党组织关于人才工作的重要决策部署，积极做好人才队伍建设。

（5）坚持以党建为引领，统筹社区发展、组织公共服务、开展综合管理、动员社会参与，推动社区共建共享、共驻共治和居民自治。指导社区居委会、社区工作站在社区党委领导下开展工作，及时处理并向上级政府反映居民的意见和要求。

（6）推进基层民主建设、统一战线工作、意识形态建设、精神文明建设和社区法治建设，做好法律法规、社会公德等宣传，凝聚共识和力量，培育和弘扬社会主义核心价值观。

（7）密切联系群众，建立健全群众工作机制，认真落实街道领导干部直接服务联系群众等制度。以群众利益和需求为导向，强化民生保障，优化社区公共服务体系。

（8）负责辖区公共服务工作，加强辖区政务服务管理，负责"双拥"、社会救济、退役军人管理服务、就业服务、文化、体育、人口和计划生育、老龄工作、残联、对口帮扶等工作，维护老人、妇女、儿童、残疾人和归侨、侨眷的合法权益。协助开展公共卫生服务、职业安全健康监督管理等工作。

（9）负责辖区综合治理工作，做好社会治安综合治理、司法、信访、维稳、劳动管理、出租屋管理等工作。

（10）负责辖区应急管理工作，处置辖区突发事件，做好应急指挥和协调工作。做好安全生产、防震减灾、森林防火、防汛防旱防风、网格管理等工作。统筹协调救灾救援、消防、道路交通安全管理等公共安全工作。负责辖区征兵、民兵训练、人防管理、国防教育、宣传等工作。

（11）负责辖区城市建设工作，做好工程、建设、燃气安全管理、地质灾害防治、物业管理、房屋安全、房屋租赁、小散工程和零星作业监管、人民防空工程管理等工作。按照职责权限，落实河（湖）长制，协助生态环境主管部门做好本区域的环境保护工作。

（12）负责辖区综合行政执法任务，做好辖区市容管理、环境卫生、园林绿化、城市照明、垃圾分类等工作，推进城市精细化管理。统筹协调食品药品安全有关工作。

（13）负责辖区城市更新、土地整备、集体经济监管、农业用地日常巡查工作。协助做好优化营商环境、企业服务联络、企业信息核查、统计等工作。

（14）完成区委、区政府交办的其他任务。

第二节　石井街道办推进治理现代化面临的问题挑战

一、结构快速转型给街道办治理带来诸多挑战

改革开放40余年，深圳的经济结构和社会结构发生了重大的变化，由最初的改革开放前的社会机构处于高度集中和同质性的状态，到随着不断的社会转型带来的社会结构的日益分化的状态。社会结构在广义上具有丰富的内涵，包括阶层结构、城乡结构、区域结构、人口结构、就业结构、社会组织结构等方面的情况，反映出社会体系各组成部分或各要素之间比较持久、稳定的相互联系样本。所谓结构分化是指在发展过程中结构要素产生新的差异的过程，它有两种基本形式：一是社会异质性增加，即结构要素（如位置、群体、阶层、组织）的类别增多；另一种是社会不平等程度的变化，即结构要素之间差距的拉大。在这一意义上，社会结构分化一是体现为社会结构从封闭走向开放，促进社会要素的自由流动；二是在此基础上社会结构阶层的不断分化，新的社会阶层和群体产生，不同社会阶层之间的差异进一步扩大，阶层边界越来越清晰。

（一）石井街道办基层社会结构走向开放

社会结构的开放性集中表现为社会要素及社会成员在社会结构空间的自由流动，社会流动的基本状况是区别封闭社会与开放社会的重要特征。改革开放以来，深圳的经济发展速度一直比较快，对市场经济的探索和分配制度的改革使社会产生了自由流动资源，社会自主空间日益扩大，给予个体社会流动的空间和较多的可能。

个体在深圳的职业和阶层之间的社会流动性非常明显。在地域流动上，深圳历来是各类各级人才的流入地，改革开放40余年来，深圳这座城市的劳动力流入持续增长，据深圳市统计局发布的《深圳市2021年国民经济和社会发展统计公报》显示：截至2021年年末，深圳常住人口1768.16万人。其中，常住户籍人口556.39万人，占常住人口比重31.5%；常住非户籍人口1211.77万人，占比重68.5%。与2010年的第六次全国人口普查的1042.40万人相比，增加725.76万人，增长68.46%，年均增长5.35%。10年间，深圳市人口继续保持较快增长，同时呈现人口性别比有所提高、人口红利继续保持、人口素质不断提高的新特点。截至2021年年末，坪山区常住人口56.65万人。其中，常住户籍人口14.17万人，占常住人口比重25%；常住非户籍人口42.48万人，占比75%。

伴随着石井经济的转型，必然带来人口结构、阶层结构、就业结构等一系列的变化，这对石井街道办布局当下和未来基层社会治理的架构以及街道办治理的体制机制安排都带来了问题和挑战。

（二）社会阶层结构走向多元和分化

社会阶层结构是社会结构的集中反映，也是社会结构中最重要、最核心的结构。作为社会结构的主要标志，社会阶层结构的明显分化，体现出了社会结构的分化趋势。

随着市场经济体制改革的推进，国有企业改革、企业发展、商品流通领域放开、户籍制度松动、城乡统筹一体化发展等一些国家政策出台，原来以工人阶级、农民阶级、知识分子阶层构成的"两个阶级一个阶层"社会阶层结构也发生深刻变动，社会阶层出现显著分化，社会阶层结构走向多元化。多种所有制经济成分并存和发展的局面直接催生了新的职业身份群体。

在改革开放的进程中，在深圳市从事农业为主的农业劳动力逐步减少，大量剩余劳动力以各种不同身份融入深圳这座城市。同时，民营经济和个体经济等体制外经济的迅速成长创造了大量体制外的新就业岗位，个体工商户、私营企业主、各种非公有制企业和民办非企业单位经营管理人员等群体在深圳的成长速度也非常快。

面对社会复杂的阶层变迁，有学者（陆学艺）以职业分类为依据，以对组织资源、经济资源、文化资源占有状况为标准作为划分原则，对我国社会新的阶层结构进行了划分，提出由"国家和社会管理者阶层、经理人员、私营企业主、科技专业人员、办事人员、个体工商户、商业服务业人员、产业工人、农业劳动者和失业半失业人员10个阶层构成的社会阶层结构"。

近年来，随着深圳经济转型和社会转型中的产业升级，社会阶层又出现一些新的变化，在非公有制经济领域和社会领域出现了一些新的社会群体，主要包括四类，即私营企业和外资企业管理技术人员、中介组织和社会组织从业人员、新媒体从业人员和自由职业人员。

市场经济体制的建立和发展、社会体制的变迁，进一步带动了利益主体的多元发育，市场经济体制作为社会转型的有力推动因素，其根本意义在于承认人的利益，要求并确立人的利益主体地位，进而为整个社会的发展提供动力支持。

市场经济是建立在商品交换基础上的，交易的双方是具有独立平等地位的利益主体，对交换物拥有"排他性"的占有权利。因而，"市场化改革通过承认个人、社会组织、社会群体以及地方利益的合法性，使它们成为相对独立的、具有自身特殊利益的不同层次、不同类别的利益主体"。

利益多元化的表现为利益碎片化，即"最主要的体现还是利益单元的个体化，即社会的利益单元日益缩小到社会的最小单元——家庭和个人。这就使原来人们在利益关系上的整体联系迅速地化解为无数个小的碎片"。

社会不再只是重视整体和集体利益，对个体利益的追求也被合理化了，个体利益成为社会利益格局的基础，也是利益多元化的基础。社会结构不断分化的过程，也是原有社会利益不断分化，各种社会利益主体形成的过程。不同社会阶层群体由于在社会上的身份地位不同，经济要求、社会需求和政治诉求的差异，在市场经济体制推动中，必然形成多元化的利益诉求。在某种意义上，"在多元化的社会利益格局中，中国开始进入利益或利益博弈的时代"。

（三）"陌生人社会"关系网络带来需求的异质性

人的社会性本质决定了每个人无法脱离社会关系而存在，人们的社会生活也只能在社会关系中展开。因而，社会关系网络是对社会结构进行描述和解释的一个重要维度，对社会关系网络的分析是理解社会现象的重要基础。正如格兰诺维特的"嵌入性"理论的提出,使对社会行动和社会制度的分析,必须被重新置于对社会关系的分析的基础上。在传统社会向现代社会深度转型中,我国社会关系网络发生了深刻的转变,传统社会的"熟人社会"关系网络逐步瓦解,"陌生人社会"关系网络逐步构建。

费孝通先生在研究中国乡土社会时提出了"差序格局"的重要概念,对传统社会人际关系网络进行了准确的概括和描述。他认为,中国传统社会关系网络是以血缘、地缘为生活中心的熟人社会,这种社会关系网络"好像把一块石头丢在水面上所发生的一圈圈推出去的波纹,每个人都是他社会影响所推出去的圈子的中心,被圈子的波纹所推及就发生联系。每个人在某一时间某一地点所动用的圈子是不一定相同的"。这种关系就"像水的波纹一样,一圈圈推出去,愈推愈远,也愈推愈薄",在"差序格局"描述的社会关系中,人们"以己为中心"来构筑人际关系网络,依靠儒家伦理道德来调节和规范,人情与情感成为联结人际关系的纽带和处理人际关系的依据。

从深圳市和坪山区近十年的发展现状分析,经济的发展与转型,不可避免地造成社会流动加快、社会分化加剧,从而引发人际关系疏远,基于血缘、地缘或是单位内部关系的传统联系减弱。社会的流动性大大加强,越来越多的个人社会交往行为发生在彼此互不相识、素昧平生的陌生人之间。在整体社会关系中,"熟人"关系网络的分量逐渐减少,"陌生人"关系网络的成分快速增长,社会关系网络完成了由熟人社会向陌生人社会的转型。

陌生人关系网络是与社会的现代性相联系的,随着传统社会向现代社会的转型,由熟人社会向陌生人社会转型是我国社会发展的必然趋势和结果。"现代社会是一个由相互陌生的人所构成的陌生人社会,陌生人才是导致和加剧现代社会的疏离与冷漠、复杂性与不确定性的真正根源。"与熟人社会关系不同，在陌生人社会关系中，人与人之间的关系不再依靠血缘、地缘和业缘的联结，而是作为相互陌生的个体，在互动中人们更多关注自己的活动和利益，个人作为理性的个体致力于追求利益的最大化，人与人之间的互动关系较多具有短暂性的特点。陌生人社会关系是一种以理性为核心的契约关系，依赖于共同的相互利益需要而建立，以普遍的人际平等和社会公正为基本交往或交易原则。

在基层社会中，社会成员随着居住社区选择的变迁、工作组织的流动，实现了从单位人到社会人与社区人的转变，走向了更宽阔的社会公共空间。首先，随着经济社会双重转型的推进，个体需求逐渐呈现出高异质性特性，单一主体的供给不仅不能满足新的社会需求，而且原先权威主体由于能力边界与治理成本的限制，对于社会权力的需求就会从原先的高度集中向适当让渡转变。社会权力的供给变化诱发了治理结构的变化，这种变化在供给与需求视角下首先表现为多元主体参与范围的扩大，社会组织、社会公众、非公有制企业参与社会产品供给、社会制度制定、社会资源调控的机会有所增加。其次，随着个体由"单位人"向"社会人"转化，个体的社会需求也开始升级，基层群众渴望更好的社会产品与服务，需要更多地参与社会事务已经成为新社会生活方式发展的必然趋势。同时，随着多元主体角色的丰富化，通过政府赋权、承接政府外包职能等方式，以社会组织与非公企业为代表的社会主体也开始承担"供给者""代言人""助手"等社会角色。

二、街道办治理体制适应转变存在诸多困境

党的十九届四中全会强调，"坚持和完善共建共治共享的社会治理制度，保持社会稳定、维护国家安全""构建基层社会治理新格局"。

随着坪山区的建立，石井街道办参照深圳市整体街社格局，构建了自身的社会治理体系。但无论是街道办、社区层面，还是街道办与社区之间，仍然存在着一系列的问题。

从街道办层面看，作为派出机构的石井街道办承接了非常多的远超过街道办层级的职能；从社区层面来看，社区则在党建引领的结构下，出现引领不力、承接无能的状态。而在街道办治理过程中，街道办面临因结构快速转型带来的基层社会结构走向开放、社会阶层结构走向多元和分化等诸多挑战，同时，街道办治理体制适应转变过程中存在如下三个问题：一是基层"漏斗型"组织架构造成街道办治理压力层层传导和职能超载；二是基层群众的诉求多元与基层服务供给存在偏差；三是社区群众"原子化"与社区服务的"再生性"问题。

（一）基层"漏斗型"组织架构造成街道办治理压力层层传导和职能超载

"区—街—社""漏斗型"的体制造成基层职能超载、对接无力、流程不畅等诸多问题。坪山区成立之后，在街道办分设的基础上，石井街道办逐步完成了街道办和社区层面的治理体系建设，初步构建了适应石井改革和发展需要的治理体系架构。

在街道办层面，机构的设置坚持"大部制"改革方向，遵循优化机构设置、提升管理效能的原则，综合设置内部机构。目前设置17个部门，形成"1委、2部、4中心、10办"的组织架构，即"1委"——纪律检查工作委员会，"2部"——组织部、人民武装部，"4中心"——市政服务中心、土地整备中心、值班应急与智慧管理智慧分中心、机关事务服务中心，"10办"——综合办公室、宣传统战办公室、综治维稳办公室、街区发展办公室、劳动管理办公室、公共服务办公室、安全生产监督管理办公室、城市管理办公室、城建办公室、人大工委办公室。

工作中，街道办事处和37个区级部门对接，平均每个街道办部门对接2.2个区级机构，个别部门对接的机构较多，达到一个部门对接区级5个部门甚至8个部门的状况。在职责权限方面，作为区政府派出机构，主要履行街道办范围内的基层党建、宣传教育、群团管理、社区建设以及城市管理、社会管理、公共服务、综合执法、基层组织建设等工作任务，并开展城市管理、安全生产方面的综合执法工作。

在工作人员方面，用人形式多样、人员身份复杂、整体数量较多，形成了一支以购买服务人员和临时聘用人员为主的队伍。在社区层面，建立了"社区党委""社区居委会"和"社区工作站"所构成的"三块牌子、一套人马"的社区治理组织结构，在社区党委统一领导下，统筹协调社区工作站、社区居委会、股份合作公司及各类群团组织、社会组织等开展工作，构筑了以社区党委为核心，社区工作站、社区居委会、驻社区单位、股份合作公司、外来人口代表等共同参与的治理体系。

实践中的社区层面的工作事务，令人眼花缭乱，如"万花筒"一般，不但要承担常规性的关涉政府与群众的党建、群众自治、保障服务、治保调解、文化教育、卫生卫计等领域100多项社区事务清单，也要承接来自国家与群众的临时、额外甚至意外的工作事项。社区建设、服务型政府、压力型体制等制度设置在基层社会的实施与推广，不但使社区层面的社会治理面临来自政府、群众、驻区单位、社团等各方的社区事务诉求，也需接受来自国家和群众"双向多元"的事务压力和评估考核。

所以，这种"上粗下细"的"区—街—社"的组织架构，造成街道办层面和社区层面在基层社会治理过程中，出现行政负担层层传导和转嫁的问题，致使街道办和社区层面均出现职能超载的问题。一些区里的机构下派的工作在街道办和社区没有对应的部门，致使街道办和社区均承担了大量不该管、管不了、管不好又不得不管的工作，加重了街道办的工作负担。

另外，由于街道办和社区的资质、人员不足、权力有限等因素，街道办部门难以有效对接上级部门的工作，致使工作流于程序和形式的问题较为突出，影响工作的实际效果。

(二) 基层群众的诉求多元与基层服务供给存在偏差

目前在基层社会治理中有共治、自治两大平台。下沉到群众的自治平台有工作站、居委会、业委会等。上述平台的建设，目的主要是加强党的领导、夯实党的社会基础，也的确在成立后很好地将服务的触角延伸到基层社会。然而，这种延伸往往更多的是依托权力自上而下、组织动员方式的推动，在实践的整个过程中，随着新生社会空间的生长，这些平台对于无行政隶属关系的"两新组织"、基于趣缘、业缘的"活动团体"以及城郊接合部的"流动型社区"往往缺少实质性的影响力。

正如景跃进教授所提到的，在脱钩改制而来的新社会组织、大量的民办新社会组织以及其他团体中，党组织对人、财、物没有实际的控制力，因此其组织作用难以影响和渗透到这些组织中去。故而，在面对新生社会空间时，过去依托权力渗透驱动的街道办治理平台，由于缺少实质性的抓手，在平台运作过程中很容易产生"空转""停转"等现实问题。

实践是连接社区群众参与基层社会治理的纽带，社区提供服务的质量的高低是决定街道办治理是否有生命力的关键所在。街道办治理在服务和实践层面上涉及服务和实践主体、服务和实践内容以及服务形式三方面，通过对这三方面的调研和梳理，我们发现服务和实践层面上的"悬浮化"是街道办治理亟待解决的现实问题。

从实践和服务主体来看，党政主体参与积极性较高，但社会力量（如社区群众）对社区活动的参与度偏低，本地群众到社区办事的次数高于外来群众，平时到社区开展休闲娱乐活动的群众人数较少，所以社区更大程度上是作为工作和居住场域而存在，而不是生活和交往中心。

随着基层社会治理被纳入政绩考核指标体系，各级党政部门参与基层社会治理的积极性被点燃，从而催生了一系列基层社会治理项目，这一现象表面上看是多元主体共同探索的结果，但其实是党政主导下行政吸纳社会力量的"动员式参与""非均衡式参与"，社会力量参与积极性和参与度还相对较低。

服务供需的偏差。从服务和实践内容来看，目前，尽管社区群众和社区工作人员在社区组织的核心人物认知方面存在一定差异，但在"服务群众"方面有较高的共识度。社区的服务供给和群众需求之间存在一定的偏差，突出表现为群众对社区组织服务职能的高度认同、对社区服务改善的强烈愿望，与社区活动参与的不足、社区服务满意度的偏低形成鲜明对比。目前，基层政府组织对于政务型活动、文体活动、公益志愿活动比较关注，对于基层社会问题以及深层利益冲突问题却是被动式回应，这导致社区服务在供给的回应性、针对性、有效性方面还存在一定的问题，因此造成基层社会治理的业务诉求"悬浮"于基层社会治理中的多样性诉求，在很大程度上降低了社区服务的质量。

从服务和实践形式来看，自上而下的行政逻辑主导着基层社会治理，权力难以实现真正意义上的下沉。一般来说，只有基于执政党与基层社会的充分、均衡互动，才能实现基层社会治理与社区群众需求的有效衔接，这是因为无论是自上而下的行政逻辑，还是自下而上的基层社会治理逻辑，都是基于自身的实践场域而展开的，在没有建立两个场域对话机制的情况下很难有真正意义上的对接。因此，在自上而下的逻辑的主导下，一方面，党政的条线部门无法深入到基层社会；另一方面，作为最基层"块"的社区难以结合本地特殊性，发挥协调和监督条线管理部门的职能，两者互动的不充分、不均衡，造成社区工作站尴尬的"空转"和基层社会治理的"悬浮"。

石井街道办所辖四个社区全部为政府主导型社区，社区日常工作，以街道办安排的任务为主。为承接街道办层面的行政职能，2006年11月成立了社区工作站，并按照专职人员和聘用人员1∶1的比例进行工作人员的配备，主要任务是协助街道办和区里的相关部门做好综治、维稳、信访、安全生产、计划生育等方面的工作。

坪山区成立后，于2017年8月实施街区改革，社区安全巡查员、计生专干等人员被上收到街道办；石井街道办四个工作站中，现有备案工作人员71人，其中书记、副书记12人，居委委员和党委委员共25人，其他"非委员"工作人员34人。人数接近工作站人数总数一半的"非委员"人员，目前从事的主要是社区服务类工作，行政性事务仅限于"协助"城管、城建部门以及安全、劳动部门开展相关的工作。由于工作人员的"上收"和行政事务的"上移"，工作站作用发挥不明显，作用仅限于对接上级政府财政资源、报送各类社区材料和开具相关证明。

（三）社区群众"原子化"与社区服务的"再生性"问题

随着城市现代化进程的加快，大量流动人口涌入城市以及社区，逐渐出现横向（如民族、语言、文化习俗等）分化和纵向（如收入、教育、职业等）分化。这使得社区的同质性不断被"稀释"，而异质性不断增加，群众之间从传统的邻里守望逐渐变为互相漠视；群众对社区从想关心逐步变为不想关心；社会组织不关心、不能积极参与社区公共事务，最终形成群众之间、群众与社区之间以及社会组织与社区之间相互"隔离"的局面。主要体现在：流动人员和本地群众之间相互隔离，影响社区和谐；群众与社区隔离，参与社区治理意识淡薄，缺乏归属感；社区居委会、街道办等政府代理人与群众、社会组织隔离，社区治理结构单一。

石井街道办的人口结构中，外来人口占总人口的比重超过90%，户籍群众所占比例不足10%。外来人口的构成主体是各省的进城务工人员，主要来自广西、江西、河南、安徽等省区，大多数人主要在各类企业中从事流水线作业。在外来人口中，绝大多数是独自一人，夫妻双方或全家共同来深务工的比例较低；活动范围相对比较小，大部分时间都是在所工作的工厂中；工作之余的时间，主要活动多为上网、看电视以及从事相关活动。

数量众多的中小企业分布零散，社区群众之间交往联系比较少，在很大程度上造成外来人口在工作、生活和心理上的"离散化"，在社区活动方面的参与度较低，对于社区建设和发展持冷漠态度，由此导致群众的"原子化"，降低了社区凝聚力和群众融合度。

在这种情况下，由于我国社区公共服务不仅存在供需偏差问题，还存在社区公共服务的再生性问题。目前，我国社区公共服务可以分为行政化供给样本和社会化供给样本两大类。行政化供给样本即政府等行政化力量直接或通过项目制等手段为社区群众提供公共服务。社会化供给样本主要是指行政化力量以资金的形式资助社会化力量提供公共服务。

不管是哪种方式提供的服务，都存在这样的问题：见物不见人，聚焦"物的变化"即关注花了多少钱、搞了多少次活动、服务了多少人次等"看得见"的"物"，不关注群众参与意识和参与能力的变化；见短不见长，注重项目的短期性而忽视项目的持续性，即关注经费、活动次数、参加人数，而不关注实施效果、参加者的评价等。

三、突发公共卫生事件对街道办治理提出的挑战

2020年以来暴发的新冠疫情，是新中国成立后在我国发生的传播速度最快、感染范围最广、防控难度最大的一次重大突发公共卫生事件。

目前，疫情防控形势积极向好，生产生活秩序加快恢复。但同时，我国发展面临的风险挑战在上升，做好经济社会发展工作、国家治理工作难度加大。而自新冠疫情暴发以来，突发公共卫生事件也成了街道治理的难点和挑战。习近平总书记指出："这一次疫情，考验我们基层的治理体系、治理能力水平。进一步凸显我们的街道、社区、乡镇、村基层组织的作用。"

（一）统筹与协调能力的挑战

当前阶段，我们必须清醒看到，国内疫情形势虽然持续向好，但是疫情形势依然严峻复杂，防控仍然处在关键阶段。一方面国内疫情存在"复燃"的风险；另一方面疫情全球性流行威胁已经构成，带来的输入性压力持续增大，我国的疫情防控重心已由内部防控向外防输入、内防反弹转变。并且，毫无疑问的是，新冠疫情不可避免会对国内经济社会生活造成较大冲击，对于街道办治理更是带来了很大的困难与挑战。

疫情的暴发可以用"突如其来"形容，短时间内各地都陆续进入了应急状态。疫情的事前预防和准备是否充分、疫情的事发监测、上报、预警、预测和信息发布是否及时、事中的防控决策、部署和应急指挥是否快速有力、执行是否坚决落实、事后的复工、复学、恢复经济社会常态管理是否迅速有序……这些都对街道办治理体系自上而下的统筹协调能力和贯彻执行能力，以及自下而上的信息传递效率提出了极大挑战。

（二）复工与复产的挑战

疫情防控是当前工作中的重中之重，必须抓实抓细抓好，否则会对我国经济社会发展、人民生命安全和健康及中国特色社会主义事业造成不可估量的损失，但是我们也要看到，经济社会是一个动态循环系统，不能长时间停摆，否则也会对疫情防控的物质保障、民生保障和社会稳定造成影响。

当前，疫情防控取得阶段性进展，各地复工复产在即，客观上增加了下一步疫情防控工作的难度。如何一手抓疫情防控，一手抓恢复生产、坚决打赢防控阻击战和基层发展总体战的全面任务；如何在抗疫情、保运行两手抓的新阶段，做到既坚决地防控疫情扩散，又很好地完成既定的工作安排；如何实现街道办治理在"平时"与"战时"间的高效切换，显然对街道办治理的弹性提出了新的更高要求。

本章小结

本章把深圳坪山区石井街道办作为研究对象，采用"解剖麻雀"的方法进行研究。"解剖麻雀"的方法论体现了唯物辩证从个别到一般、由特殊到普遍、由个性到共性的认识论规律，符合科学思维和实践论的基本要求，是被实践证明的行之有效的研究方法。此方法要求工作深入实际，认真进行调查研究，通过对个别地方、个别单位、个别典型的科学剖析，坚持客观理性分析，透过现象抓住事物发展一般规律。石井街道位于坪山新区，成立时间很短，却是当前深圳"双区"建设的重要节点区域，是坪山与大鹏国际生物谷、惠州大亚湾深度融合、联动发展的先行地，肩负着重要的使命和任务。这也是本书选取石井街道作为样本的根由所在。

本章首先对石井街道办的基本情况进行了描述，找准了石井街道办的特点就是在城市扩容设立新区中建立的街道办，因此，石井街道办面临的主要问题是发展问题，发展问题往往是不重复的问题、新的问题。作为新设区下面的街道办，在城市扩容中往往会面临拆迁等矛盾集中的问题，这类问题最好的解决方式就是在发展中解决问题。今日无法解决的问题，按照"发展就是硬道理"的思路，经过协商沟通，求同存异，疑难杂症往往在明日就"自然"而妥善地解决了，这就是石井街道办的经验。

第四章

石井街道治理实践探索与机制创新

石井街道立足自身实际,围绕中心,服务大局,在长期的治理实践中,逐渐探索出了以"党建引领+科技赋能+街社一体"为核心的治理模式,为推进新时代街道治理现代化提供了可借鉴的经验和方法。

第一节 党建引领街道治理机制的实践探索

十九届四中全会要求:"构建基层社会治理新格局。完善群众参与基层社会治理的制度化渠道。健全党组织领导的自治、法治、德治相结合的城乡街道办治理体系,健全社区管理和服务机制,推行网格化管理和服务,发挥群团组织、社会组织作用,发挥行业协会商会自律功能,实现政府治理和社会调节、群众自治良性互动,夯实基层社会治理基础。加快推进市域社会治理现代化。推动社会治理和服务重心向基层下移,把更多资源下沉到基层,更好提供精准化、精细化服务。"

石井街道办按照如上要求,加强和创新城市街道治理,不断探索适合新时代发展特色、适应深圳坪山区石井发展特点的基层治理方式方法。

一、把党的领导和党的建设贯穿街道治理全过程

党建引领治理是新时代我国基层治理的主旋律,其理论依据是党的

民主集中制原则。民主集中制是我们党的根本组织原则和领导制度，在中国经济社会发展的实际运行中，这项制度把充分发扬党内民主和正确实行集中有机结合起来，有效防止和克服了议而不决、决而不行的分散主义，体现了我国的体制优势。在基层治理中，确保实现党对一切工作的领导，把党的领导和党的建设贯穿街道治理全过程，必须坚持好、运用好民主集中制。

推动党建引领基层社会治理创新，促使党建融入街道治理实践中，有利于发挥好党组织的战斗堡垒作用，提升凝聚力向心力。以石井街道金龟社区党群服务中心为例，那里不仅是可以参加活动的场所，还是小憩、看书、放松身心的场所，将金龟的自然之美、生活之美、生命之美融入党群服务之中。金龟社区党群服务中心不仅开展居民群众服务，也传播生态文化方面的内容，为公众参与生态环境保护提供平台和条件，让生态教育理念更加深入人心。疫情期间还开展了"云分享，云学习"、防疫知识竞答、亲子线上种植等20余场活动。金龟社区"幸福加油站"为居民、游客提供休息小憩、充电、补水等人性化服务，"两山"大讲堂向居民游客开展生态环保宣传教育活动，"体验厅"更是利用AR等智能技术集中介绍金龟社区自然历史特色。

以石井街道田头社区竹韵花园党群服务站为例，虽然没有金龟社区党群服务中心的自然风光优势，但却因服务"火"起来。该服务站坚持"党建引领、专业助力、多元参与、协同共治"的服务理念，多举措、多方式地为居民开展便民利民服务。这里既可提供场地供人休闲娱乐，也提供一些便民设施，如复印打印、测量血压等。竹韵社区根据居民需求，整合各方资源，共同为社区儿童、青少年、家庭妇女等分别提供针对性贴心服务，开展了多个青少年儿童教育服务培训以及兴趣班、运动比赛等，提升社区儿童安全意识，促进社区儿童全面发展。在对老人的关怀上，社区构建长者支持网络，联合民生微实项目、萨米医疗中心等资源为社区老人提供分类精准的服务。在公益服务方面，联合深圳市第三职业技术学校及深圳监狱提供"墟街"服务，以"墟日摊"的形式，为居民搭建公益便民集市。在党建的引领下，竹韵社区义工共同参与社区各项事务，逐渐加强义工队伍建设，目前开展义工服务5场，服务居民1200人次。居民议事会还呼吁居民、义工一同出谋划策，发掘培养社区骨干，引导居民自治，形成共建共治共享的治理新格局，让居民的幸福感、获得感及社区归属感得到了有效提升。

石井街道办在坚持党建引领基层治理的基础上，重视把党建引领与街道办形成治理体系与治理能力结合起来，不断提高治理水平，循序渐进推出十项治理举措。

第一，党建引领调整街道办工作职责，形成三大职能三大小组。为推进"基层党建+社会治理"创新，石井街道办调整社区现有组织架构，合理配备力量，压实工作责任。按照社区抓党建、抓治理、抓服务的三大职能，分为三个工作组，即党群服务组、社区治理组、综合事务组，同时对其工作职责进行整合优化。在社区党委的统一领导下，由社区党委书记负责社区的全部事务，街道办下沉部分力量到社区，街社之间既有分工、又有协作，各负其责。2017年，石井街道办事处立足自身实际，以强化社区党组织的领导核心作用为目标，以解决群众关心的突出问题为突破口，实施"强核工程"，依靠基层党建引领基层治理，不断提高基层党建质量和基层治理水平，切实增强群众的获得感和满意度。

第二，党建引领发挥社区党委的核心引领作用。在深入基层治理过程中，石井街道办事处始终注重发挥社区党委的核心引领作用。如针对田头社区辖区内深圳技术大学、深圳监狱、深圳高级中学东校区、深圳职校等驻区机构实际，建立社区党委党建联席会议机制，定期沟通信息，协调推动基层党建工作落实，着力构建城市大党建格局。此外，石井街道办事处选派4名副处级领导和24名科级干部下沉到社区、居民小组任第一书记，在加强党建、协助维稳、规划发展等方面发挥作用。邀请驻街单位参加社区书记论坛、社区议事会和难点会办会等活动10余次，协调处理了各类重点难点问题六类23个，基层治理形成了共享务实的良好局面。

第三，党建引领强化党建理事会推动基层治理。坪山区石井街道党建理事会聚焦"党性教育、健康服务、法律宣传、青少年成长、关爱服务"五方面，着力构建"融合、互助、共享"的石井模式，初步形成民生服务供给优质、高效、全覆盖，党群关系良性互动的生动局面，有力推动了基层治理水平提升。

第四，党建引领创新"三融合"构筑区域化党建新格局。一是推动各类组织融合发展。建立街道"大工委"，街道党工委书记担任会长，街道组织部部长、社区书记及各单位党组织负责人担任会员，成立街道党建理事会。二是推进工作融合。各成员单位遵守党建理事会的规章制度，积极完成党建理事会布置的各项工作和任务，认真执行党建理事会达成的决议或意见。三是推进常态融合发展。建立常态化沟通与联络制度，各成员单位分别明确一名党建联络员，保持联系、传递信息、定期通报情况，及时汇总各成员单位意见建议，有针对性地向党建理事会提出活动建议，协同组织开展共建经验交流活动，做好活动登记和存档工作，推动区域化共建从临时性、随机性转变为经常性、长效性。

第五，党建引领聚焦"三互助"推动重点工作提质增效。一是助力社会组织建设。党建理事会先行示范，积极调动辖区社会组织主动参与社会治理，引导辖区内的相关单位为辖区居民开展社会服务活动，同时社区为社会组织提供活动平台和场地，助推社会组织成长发展。如萨米医疗中心以"开展大型专家义诊进工地、举办健康知识讲座到基层"的形式，在服务居民的同时也有效提高了医院的知名度和影响力。二是助力文明城市创建。在打造"美丽石井"工作过程中,党建理事会发挥区域化党建机制作用,积极协调配合相关单位,全面参与到创城工作中。如组织辖区党员,联合社区、深圳监狱共同开展"周五城中村清洁大扫除活动"10余次。三是助力扶贫救助。联合驻街单位党组织,牢记为民服务的初心,针对辖区弱势群体开展专项救助、分类帮扶,设置爱心午餐解决辖区内高龄、患病、行动不便、独居的老人与残疾人就餐难的问题。同时,在节日期间对辖区困难党员进行探访慰问,送去节日慰问金、米面油和日常生活用品。

第六,党建引领实现"三共享"为基层党建注入新活力。一是实现基层各类阵地资源共享。街道、社区的党群服务阵地对各党支部开放,如街道、社区的党建书吧、党员活动室等。二是教育资源共享。通过沟通联系,将辖区内企业的党群服务阵地(如亚贝斯、九州通等)向街道和社区党员开放,将企业党建教育资源共享,丰富党员教育活动。同时充分利用辖区"不忘初心、牢记使命"主题教育馆、水源世居等红色教育基地,为广大党员干部、居民群众普及党建知识提供场所。三是活动资源共享。充分整合街道、社区、驻街单位的需求,联合街道、社区、驻街单位及社会组织有针对性地开展活动,如石井派出所党支部结合社区党群服务中心活动开展"10分钟防诈骗宣传讲堂",四个社区党委与萨米医疗中心党总支联合开展健康讲座,中铁十二局为居民开放安全体验基地。

第七,党建引领探索创新功能型党组织建设和区域化党建工作样本。通过改革社区管理体制,理顺街社关系,加强社区管理,健全社区功能,努力建设管理有序、服务完善、党群和谐的现代化城市社区。例如,将社区职能进行分类,对社区组织进行重构,对社区职责进行优化,突出党建引领。党群服务组由社区党委书记直接负责,社区治理组由街道办下派干部任社区党委兼职副书记,与社区党委分管安全工作的

81

副书记一起带领人员共同完成职责任务。

第八，党建引领创新党群服务机制，确保工作队伍的稳定性。改变党群服务外包形式，由社区专职工作者代替社工开展服务，确保工作队伍的稳定性。充分挖掘和调动辖区内可利用资源，建立党群服务资源共享库。推行"一村一党群联络员"服务样本，收集民情民意、进行政策宣讲、链接服务资源、提供精准服务。譬如，田头社区一直存在所谓的"三多"问题，即中小企业较多。城市更新项目较多，外来务工人员较多。针对田头社区的"三多"问题，石井街道办和田头社区经常调研走访社区内企业职工和社区群众，了解外来务工人员和社区内群众的实际需求，发现社区内外来务工人员存在文化生活不够丰富、工作繁忙无暇顾及生活及个人形象、工作条件比较艰苦等问题，社区党委带领工作人员，开展"三送服务上门活动"：送电影到企业、送理发服务到企业、送医疗服务和送凉茶到企业，让外来务工人员充分感受到党和当地政府的关怀，增强外来务工人员的归属感和认同感。

第九，党建引领深化整合多元治理主体，有效实现"共治共享"。新时代要深化党建引领，坚持改革推进到哪里、党建工作就跟进到哪里，不断探索和创新城市治理体系，夯实基层社会治理的组织保障。一是以"前置"为关键，突出思想引领。基层党委要把统一全局思想认识的关口前靠，要通过广泛开展"学习、调研、讨论"活动把思想政治工作前移，把党的政治和组织优势转化为街道办治理优势，着力提升基层党组织的领导力和组织力。二是以"优化"为重点，调整基层党组织布局，实现党的一切工作到支部。基层党委要紧紧围绕突出政治功能的要求，优化基层党组织设置，完善基层党建的组织架构，有步骤、有计划地把社区党组织、驻区单位党组织、非公有制经济党组织以及社区综合治理统揽起来。

第十，党建引领做好信访工作，密切党群关系。坪山区石井街道深圳技术大学项目部内建立了首个工地内的"一站两室",这里成为务工人员解决诉求的好去处。"一站两室"主要负责解决群众诉求、劳资纠纷调解、党建共建等工作。将该工作室下沉到基层,目的是强化源头治理,根治欠薪问题,构建多元调处化解劳资纠纷的治理体系。为高效地处理劳资纠纷问题,一站两室建立街道工作人员、社区工作人员与项目组临时党支部互联互通的机制,搭建起一个解决问题的多方参与平台,并确定责任单位负责人、诉求专员等人的工作职责,完善办理流程。"一站两室"从2021年6月16日揭牌至今,已累计处理超90起薪资问题,涉及人数287人和金额2400多万元。在"一站两室"内,工人上门提诉求,临时党支部做协调,各部门通力合作解决问题,从一开始的一天4~5起纠纷到几个月1起,众多劳资纠纷事件得以解决,颇具成效,为解决"劳资纠纷"这个基层"老大难"问题提供了可借鉴的方法。未来,在党建引领下,将有更多"一站两室"出现在项目建设工地上。

二、不回避矛盾,着力破解群众反映强烈的突出问题

不回避矛盾的工作态度与工作作风是新时代我国基层治理的重要"抓手",其理论依据是马克思主义矛盾论。

矛盾论对工作态度提出三项具体的要求。第一,要以平常心看待矛盾。矛盾无处不在,矛盾无时不有,任何治理都要求发现问题、解决问题、推动发展;都要求有的放矢,问题导向,目标导向。第二,要以正确方法解决矛盾。要解决矛盾就要分清主要矛盾与次要矛盾,分清矛盾的主要方面与矛盾的次要方面,抓住主要矛盾与矛盾的主要方面,坚持"两点论"和"重点论"的统一。第三,要以发展的眼光看待矛盾。矛盾源源不断,旧的矛盾解决了,新的矛盾又出现了,有了新的矛盾不可怕,关键是要有应对矛盾的正确态度与方法。事物的发展就是在不断发现矛盾、解决矛盾中而呈现波浪式前进，螺旋式上升的。

新时代我国社会的主要矛盾转变为人民日益增长的美好生活需要和不平衡不充分的发展之间的矛盾。社会主要矛盾的变化，迫切要求在推动基层社会治理中秉持以人民为中心的理念，把服务和造福群众作为出发点和落脚点，坚持面向群众的原则，走好新时代的群众路线。

在街道办治理中，首先，要坚持民有所呼、我有所应，切实聆听群众诉求，请群众参与，让群众评判，把群众知晓、群众参与、群众满意度作为工作的出发点和落脚点；依靠群众、发动群众，使人民群众成为发现问题的眼睛和解决问题的帮手。其次，要解决人民群众的多层次需求，使广大人民群众拥有更有保障、可持续的获得感、幸福感和安全感。新时代坚持以人民为中心，加强和创新社会治理，就不能回避基层群众之间的矛盾，不能回避发展过程中涌现的问题，而应该坚持问题导向和目标引领，通过细致入微的工作化解矛盾，在发展中解决问题，最后实现发展与稳定、集体与个人的双赢。

石井街道办坚持以问题为导向的工作方式，在实践中探索了五项治理举措。

第一，坚持问题导向的工作态度。石井街道办在问题导向原则之下创新街社运行机制，将街道办网格、消安、城管、市政等部门的外勤人员下沉到社区，又从街道选派一名优秀干部负责一线巡查和整治工作。打破街社人员的身份界限，将整合的人员按工作环节分工，理顺巡查和整治的关系。当遇到较大行动或较难处理的问题时，由社区书记统筹社区所有力量协同解决；当需要街道办支持时，报街道办相关部门执法解决，形成"现场即采即办、一线合力会办、街道办执法查办"工作机制。

同时，以社区党群服务中心为平台，推行"一村一党群服务联络员"服务样本，加强与"两代表一委员"的联系和服务，加大走访联系群众力度，积极做好"两新组织"建设管理工作，采用分片包干群众小组和"两新组织"的形式，深入大街小巷、群众家里、企业商户听取民意，全面了解各种情况，当面听取建议，主动宣讲政策法规，积极做好宣传工作，妥善处理各类矛盾纠纷，快出快报突发事件。同时，为避免流于形式，又结合街道办治理的实际实践情况与特点，具体通过入户走访、召开座谈会、发放征求意见表、暗中摸排等形式，找问题、听意见，并确定合理具体工作方案。

第二，着力解决人民群众关心的民生问题。街道办面临的基层问题，主要是人民群众关心的民生问题。保障和改善民生是一项需要长期攻坚的重要工作，没有完成时，只有进行时。习近平总书记指出，"抓民生要抓住人民最关心最直接最现实的利益问题，抓住最需要关心的人群，一件事情接着一件事情办、一年接着一年干，锲而不舍向前走"。石井街道以开展党史学习教育为契机，切实把"我为群众办实事"实践活动贯穿学习教育全过程，把党史学习教育成果转化成为民办实事、解难事的实际行动，零距离解决群众"急难愁盼"问题，把党和政府的关心与温暖送到群众的心坎上，让群众懂得惠在何处、惠从何来，坚定群众感党恩、听党话、跟党走的信心和决心，争当美丽石井的建设者。

近年来，石井街道切实把服务群众作为一切工作的出发点和落脚点，推动基层治理创新。在这一过程中，石井街道以问题和需求为导向，创新出基层治理统筹机制、街社一体运行机制、全天候群众工作机制、党群服务实体运作机制和业务与服务融合机制，把党建的触角延伸到社区末梢，把服务送到群众家门口，人民群众的获得感、幸福感大幅提升，民生基础不断夯实。2019年，石井街道为低保困难家庭、弱势群体、优抚对象等发放各种补助金、慰问金共计1151.6万元。实施民生微实事102项，投入资金777.66万元，涵盖老年人照料、职业技能培训、来深建设者社区融入等。目前，102项民生微实事已全面完成，所有工程项目均正式投入使用，服务成效不断凸显。民生保障不断完善。近年来石井街道共完成环境提升、边坡治理、道路硬底化等民生工程建设项目共104个；田心社区完成水祖坑硬底化工程、金龟社区完成坪头岭村道路建设工程等基础建设工程，为百姓解决实际问题。成立街道、社区两级退役军人服务站，完成辖区退役军人及家属信息采集、光荣牌悬挂、诉求收集等工作。

第三，开展"三同"活动建立新型党群关系。安排街道领导到社区、居民小组一线体验式工作生活，即与居民群众同学习、同吃住、同工作，密切党群干群关系，增进与群众的感情，着力解决群众反映强烈的突出问题。2019年12月6日，在南方日报社、北京大学城市治理研究院主办的"圳·治——深圳2019治理现代化榜单发布暨经验交流会"上，"三同活动"荣获"最具百姓获得感案例奖"。

开展"三同"活动的理论基础是党的群众路线。党的群众路线是党的生命线，坚持群众路线是在实际工作中克服主观主义和官僚主义的有效途径，要求认真实行民主集中制。"将群众的意见（分散的无系统的意见）集中起来（经过研究，化为集中的系统的意见），又到群众中去做宣传解释，化为群众的意见，使群众坚持下去，见之于行动，并在群众行动中考验这些意见是否正确。然后再从群众中集中起来，再到群众中坚持下去。如此无限循环，一次比一次地更正确、更生动、更丰富。"[①] 这就是党的群众路线的核心。

第四，通过科技赋能提升治理智能化水平。建立数字化运营平台，打通传统物业服务与党群服务、基层治理的内在逻辑与现实联系，提供平台式、集约化、系统性的城市空间管理服务。建立基层治理指挥调度

---

① 毛泽东.毛泽东选集：第三卷［M］.北京：人民出版社，1991：899.

中心，运用指挥调度系统，通过"线上+线下"，实现"发现—报事—协调—监督—关单—评价"闭环管理，使城市治理问题得到快速有效解决。

自系统上线以来，已现场报事工单26354单，周期性巡查工单14895单。实行市容环卫智能化管理，上线四大智能化设备，降低人力成本，提高工作效率。推广应用AI智能巡逻车，布设垃圾桶满溢传感器150个、智慧路灯控制器40个、公厕空气质量监测器10个，创新推出"公厕空气指数"，对辖区内市容环卫问题实时监测、节能控制、主动预警。推动智慧社区试点，以石井社区太阳村为试点，开发建设智慧社区综合服务系统及智慧安全管理子系统，通过智慧路灯、智能井盖、智能水压检测器等物联智能设备实现安全问题早预警、早处置。目前，通过1根智慧灯杆、2个智能井盖、73个烟感火灾探测报警器、26个可燃气体探测器、65个电气安全智能预警检测装置、5个独立式压力传感器和4个消防栓水压检测传感器，组成了1个安全智慧网。在试点过程中，接收到了12次预警，整改了12处安全隐患。

第五，转变服务模式提高城中村治理。城中村问题是深圳城市发展中面临的普遍问题，也是难题。城市发展过程中形成的城中村，既不可能一蹴而就推倒重建，也不可能对其发展中存在的问题置之不理。如何化城中村的"不利"为"有利"？如何把城中村纳入城市治理体系中？石井街道在这方面有不少具体的创新做法。

科技赋能提高物业管理水平。2021年12月，石井街道与万科旗下万物云城合作，以"公共空间政府承担+私人空间个人付费"的方式，明确了18项"基础服务"和16项"增值服务"，形成34项物业管理服务项目清单，实现城中村小区公共空间100%纳管。同时，引导集体经济组织积极参与物业化改革，李屋、岭脚等居民小组股份公司组建物业团队，通过培训学习，逐步具备提供物业服务的能力，不断拓展集体经济组织的业务范围，由过去单一依靠收租的经济模式，转变为依靠物业服务增收的经济模式，从而推动集体经济转型升级。

建立巡办督系统落实共治共享。2022年7月巡办督系统运行以来，共出动910余人次参与综合网格巡查，发现隐患650余处，现场整改230余处，限期整改420余处。汇集多方力量形成多元共治新格局。广泛发动融合楼长联合会和五老联合会等社会力量，深化出租屋分类分级管理，实行房屋出租事前备案制度，在流动人口登记、出租屋日常管理、安全隐患自查等工作上，与综合网格大队信息互通、齐抓共管，助推矛盾调解、疫情防控、群防群治等工作取得实效。

构建全域停车收费系统。结合城中村停车管理难、网格巡查力量分散等现实问题，分类施策、统筹管理，逐个破解治理难题。实行全域停车收费管理。为解决重点站口及城中村车辆无序停放问题，街道全面排查梳理停车位缺口，利用17块闲置土地建设临时停车场，对市政道路以外的城中村车位进行划线，建成太阳村智能立体停车库，新增车位1800余个。2022年11月11日，石井街道举行全域停车收费管理启动仪式，正式启用太阳村立体停车场，并启动首批9个城中村停车收费管理和24个城中村车辆白名单管理，初步形成"城中村+物业小区+临时用地停车场+路边停车"全域停车模式，困扰已久的停车之"痛"终于得到缓解。探索推行"社区综合网格+巡办督系统"改革。聚焦解决城中村出租屋安全隐患、基层治理力量薄弱等难题，街道整合基层治理资源，成立400人的综合网格大队，下设4个中队，推行"多网合一"，优化网格划分，形成"4个社区大格+36个居民小组中格+66个基础网格"，梳理形成综合网格隐患风险清单，涉及隐患风险点位、事件13200余项。建立巡办督系统，整合辖区81名网格员、97名社区综合整治队员、8名片区民警协警、147名安全巡查员等巡查力量，推动实现全街道"一网运行"。

三、推动资源下沉增强"行走的石井"治理能力

推动资源下沉是新时代我国基层治理的高效举措,其理论依据是管理学中的扁平化理论。当企业规模扩大时,有两种有效的办法选择,第一是增加管理层次,第二是增加管理幅度。实践证明增加管理层次会导致管理效率降低,而增加管理幅度则是更加有效的选择。当管理层次减少而管理幅度增加时,金字塔状的组织形式就被"压缩"成扁平状的组织形式,也就被称为扁平化管理。目前,这一理论也逐渐从企业管理领域应用于社会管理、行政管理等诸多领域。

为解决基层部门权责利不清晰的顽症,增强街区统筹协调功能,石井街道办实行创新群众工作机制,坚持明责赋权精简内设机构。一是明确街区各部门的职责定位,使其权责"下沉"有据。石井街道办聚焦街区抓党建、抓治理、抓服务的主责主业,明确党群工作、社区治理、综合事务等三大板块51项职责。二是给街区赋权,综合设置和优化街区体制机制,使基层治理有力。为了减少层级管理,实现精简高效的目标,石井街道办依据街区职责任务,按照大部门制、扁平化管理的工作要求设置机构。

石井街道党工委早在2019年5月8日便开展了"行走石井"工作,此工作开展以来,党员干部秉承"走出单位,深入社居"理念,推动"行走石井"常态化、经常化。这也有效促进党员干部作风的极大转变,形成"天天都是群众工作日,人人都是群众工作者"的良好局面,街道网络管理服务部负责组织党员干部200人/月积极参与行走,全面统筹实施该项工作,通过密切联系群众,将大量群众诉求解决在基层,解决在萌芽状态。2022年1月22日,石井创新性地设计研发了"行走石井"系统APP,实现线上记录行走轨迹、时间一站式管理、事件短信提醒、办理进度查询等一系列功能,行走石井正式步入"智能行走"

的阶段。截至2022年年底，平台统计累计行走6104人次，走访5364户次，共发现群众各类急难愁盼民生问题2145宗，解决落实2142宗，及时办结率达99.86%。石井街道办在实践中探索了五项治理举措。

第一，坚持干部资源"下沉配置"原则构建工作机制。针对基层执法力量分散、难以"握指成拳"等问题，石井街道办深化街道办治理改革，推动资源权力下沉到基层。一是坚持以下沉为导向，夯实基层社会治理力量。为打通街道办治理"最后一公里"，石井街道办坚持人往基层走、钱往基层投、政策往基层倾斜的导向，瞄准治理难点问题，推动资源下沉，开展综合治理、集中发力，坚持事不完、人不撤，提升了街区统筹指挥能力和应急处置水平。为了推进街道党员干部深入基层、熟悉基层，贴近群众、服务群众，从源头上助推基层社会治理效能提升，石井街道制定了《"行走石井"工作细则》，规范流程，明确职责，提倡学会"群众语言"，真正把"我为群众办实事"做深做细，化解行走人员规范难、群众有效沟通难、责任单位协调等困难。

第二，构建"街道办+社区"的干部工作团队加强领导。石井街道办为办好群众的烦心事和操心事，不断着力从体制机制创新上破解街区管理顽症，引导街区干部深入一线，精准有效破解街道办治理难题。配强社区领导力量。安排一名正科级干部担任社区党委第一书记。第一书记重点对社区治理工作负责，协调各方力量抓好社区巡查整治工作落实，同时与社区党委书记共同带领社区党委班子抓好社区党建和服务工作；兼职副书记直接抓社区巡查政治工作，对第一书记负责。

第三，深化"日巡周查月评季通报"机制加强考核。石井街道办深化了"日巡周查月评季通报"机制，加强对社区党群服务的考核。建强党员干部联社包居常态化"小巷行走石井"队伍。石井街道办进一步明确"行走石井"工作职责、工作流程，扎实推进"行走石井"典型经验制度化工作。加强社区工作队伍管理。石井街道办加强对社区工作者队伍的管理和激励，将社区人员构成统一划分为社区专职工作者、社区巡查整治队员、社区治安员三类。统一提高社区专职工作者的工资待遇两个档次，社区巡查整治队员按消安员的待遇标准保障。

第四，建立"街社一体"运作机制合理划分责权利。为了解决社区治理中管理机制不顺、工作效率较低的问题，石井街道办建立了"街社一体"运作机制。街道办将消安、网格、城管、市政等部门的外勤人员下沉到社区，由街道办选派一名优秀干部，统筹负责社区安全隐患巡查和整治工作，并优化其职责分工、优化网格分区。

第五，采用多种工作方式交叉配合实施全域服务。推广"离案式"、走动式工作法，实施社区全响应服务制。下沉人员办公场所前移到社区，携带办公设施设备，公务车辆、公务用餐相关经费均按规定调配。此外，石井街道还对民生诉求事件分拨处置管理制度进行优化完善，积极主动协调各责任单位，高效处理群众诉求。日常工作中，石井社区也会排查，服务民生，发动网格员深入群众，主动倾听群众意见，排查问题。以基层治理难点出租屋管理为例，2019年9月，石井社区印发施行了《石井街道出租屋分级分类管理工作方案》，切实抓住楼栋长和租户两大管理关键点，发动社区居民自治，灵活运用"出租屋分级分类管理系统"，正式启动了"楼长主力+网格辅助+居民自治"的出租屋分级分类管理模式，此项工作被列入街道的重要举措之一。在此基础上，石井街道将持续打通服务群众的"最后一公里"，扎实推进为群众办实事的实践活动，努力探索高效治理新路径。

四、提升依法行政能力创造良好法治环境

提升依法行政能力是新时代我国基层治理的主要标准，其理论依据是依法治国理论。依法治国理论认为现代国家本质上是法治国家，依照宪法和法律来治理国家，这既是国家治理体系与治理能力现代化的核心，又是中国共产党领导人民治理国家的基本方略，是发展社会主义市场经济的客观需要，是社会文明进步的显著标志。只有依法治国，才能建设社会主义法治国家，保障人民当家作主。

党的十八大以来，石井街道坚持以习近平新时代中国特色社会主义思想为指导，认真贯彻落实上级关于法治建设的工作部署，切实将法治建设落实到街道工作的各方面，不断提高干部职工依法行政能力，进一步提高政府的公信力和执行力，积极为依法治理、社会稳定和经济发展提供服务，为辖区经济社会发展创造了良好的法治环境。石井街道办在实践中探索了五项治理举措。

第一，推动街道办会议制度与决策机制科学化、民主化、法治化。基层治理科学化、民主化、法治化，首先体现在会议制度与决策机制方面。街道办不仅制定了《石井街道党工委、办事处议事规则》，而且在工作中坚持按照规则办事。首先，厘清党工委会议及班子办公会议事边界，进一步规范"三重一大"事项议事决策，对涉及民生的重大事务充分听取群众的意见，尊重和保障群众的知情权和参与权；其次，坚持依法决策，严格遵守法律规定，做到决策程序合法、决策内容合法、决策结果依法公开；再次，坚持科学决策，在决策前开展深入的调查研究和规划论证，重视调研成果的运用，有效防止决策失误；最后，坚持民主决策，认真执行民主集中制原则，坚持党工委集体领导与个人分工负责相结合，重大事项事先充分酝酿，广泛听取群众意见。

第二，全面提高街道办依法行政的水平与能力。首先，街道办重视完善行政执法与刑事司法相衔接的工作机制和行政执法案件移送制度。在行政执法过程中，如发现涉嫌犯罪的案件，及时依法移送管辖机关，做到不枉不纵。其次，建立健全执法决定法制审核制度，所有执法决定做出前必经部门法律顾问进行合法性审查；再次，落实"一案一卷宗"制，卷宗统一规范，目录清晰，并按要求定期送交上级部门存档、评查，对案卷评查中出现的问题及时进行分析总结，立整立改，努力提升案件质量。最后，街道办落实行政执法人员资格管理制度，严格执法队伍管理，对拟上岗的行政执法人员进行岗前培训，考核合格的准予上岗，重视执法人员执法知识培训及考试工作。编印《石井街道党员干部系列法律读本》，分发给街道全体党员干部，供全体党员干部学习。

第三，加强普法工作，探索构建"共建共治共享"社会治理格局。首先，每年制定街道普法工作要点，确保普法工作有计划、有部署、有检查，稳步推进"八五"普法工作。在坪山区2021年度国家机关普法履职评议活动中，石井街道获评优秀单位。其次，重视发挥法律顾问作用，成立全市第一家街道法律顾问室，整合街道各条块法律顾问资源，制定《石井街道办事处政府法律顾问管理办法》，让法律顾问参与街道决策、执法、维稳、普法等领域和环节，提供专业法律服务，确保石井普法工作取得实效。再次，开展各类普法活动。2022年以来，陆续开展了"民法典""国家安全日""人民调解宣传月""退役军人保障法""粤虎禁毒宣传""法律援助敬老月""12·4国家宪法日"等主题宣传活动，常态化开展扫黑除恶、反诈骗、反恐、反邪教等各类专题宣传活动。最后，丰富普法宣传形式。除了开展讲座、悬挂宣传横幅、发放宣传资料、现场咨询答疑、线上法律知识答题等方式，还不定期更新辖区的LED电子屏，滚动播放法律宣传语，广泛宣传法律知识。在中国禁毒网、今日头条、羊城晚报、深圳晚报、读特等新闻媒体及坪山区人民政府网站刊登宣传信息，及时反映、宣传石井街道办普法工作开展情况，为全民普法工作营造良好舆论氛围。值得一提的是，石井街道办还创建了"法治超市"品牌，这是整合辖区法庭、派出所、监狱、深圳技术大学资源，联合坪山区人民检察院、坪山区司法局、坪山区公证处等司法部门，在家门口向群众提供一站式全方位法治宣传、法律咨询、人民调解、公证等法律服务。

值得关注的是，石井街道办重视把依法治国与以德治国结合起来，从中华优秀传统文化中吸取治理的成功经验。2022年6月，石井街道打造的全区首家"祠堂议事会"正式揭牌启用，这是坪山区石井街道实施平安法治创建行动中的一项重要举措，"零距离"为辖区群众提供一站式、便捷、高效的公共法律服务。"祠堂里的议事会"是结合石井客家文化浓厚的实际，依托客家宗祠，创新人民调解模式，组织居民小组长、法律顾问、老党员、老干部等人员开展矛盾纠纷调解，力争实现"小事不出社区、大事不出街道"。通过开设"祠堂里的议事会"营造了办事依法、遇事找法、解决问题用法、化解矛盾靠法的良好法治氛围，从根源上有效预防和化解矛盾纠纷，进一步夯实了平安建设和基层社会治理的根基。

第四，健全矛盾纠纷解决机制，筑牢维稳防线。石井街道办重视多方努力，多策培养，强化人民调解工作，着力将矛盾化解在基层，力求实现"小事不出居、大事不出街，矛盾不上交"。首先，推进律师参与人民调解工作机制。每个社区配备1名法律顾问，充分发挥律师的学科优势和职业优势，为化解法律关系复杂、专业性强的矛盾提供专业支持，努力让每一个案件的调解过程都成为法治宣传的过程。通过以案释法的方式引导人民群众正确行使权利、履行义务，依法理性表达利益诉求。其次，重视发挥兼职调解员"老娘舅"作用。每个社区设兼职调解员2名。他们把群众满意作为自己的价值目标，充当群众的"老娘舅"，以法律为基础，充分兼顾"法、理、情"，对调解双方动之以情、晓之以理，成功化解各类调解案件，维护辖区和谐稳定。再次，壮大矛盾纠纷调解队伍。在项目最集中、农民工最集中、劳资纠纷最集中的深圳技术大学项目部成立"一站两室"（群众诉求服务站、劳资纠纷调解室、驻街单位共建办公室）。自成立以来，项目部每天安排两名调解员在"一站两室"驻点，接待来访群众，组织纠纷各方现场调解，街道为"一站两室"提供法律服务支持以及业务指导，在"七一"特别防护期等关键节点，专门安排人员到"一站两室"坐班，将纠纷各方人员牢牢吸附在项目部，开展矛盾纠纷化解工作。

第五，"思想引领+组织保障"确保全面依法治街正确方向。首先，重视思想引领。街道办长期坚持领导带头、全员普法，采取多项措施学法，努力提高全体干部职工的法律素养和执法普法能力。理论学习中心组集中学习了《中华人民共和国民法典》《中华人民共和国安全生产法》（2021年修订）、《中国共产党纪律处分条例》等法律法规，党工委会议学习了习近平法治思想、习近平总书记在中央全面依法治国工作会议上的讲话精神，街道、社区各党支部自行组织学习《中国共产党党员权利保障条例》《中国共产党组织工作条例》。其次，坚持组织保障。根据区委全面依法治区委员会工作要求，2021年7月街道办成立了党工委全面依法治街委员会，制定了《石井街道党工委全面依法治街委员会工作规则》《石井街道党工委全面依法治街委员会办公室工作细则》，实现了街道依法治街组织架构全建立，形成了在街道党工委统一领导下，街道各部门、各社区整体联动，广大群众广泛参与的工作格局，为法治石井建设提供了强有力的组织保障。

五、构建"共商、共建、共治、共享"的新格局，提高治理效率

构建"共商、共建、共治、共享"的新格局是新时代我国社会治理的多方共识，其理论依据是人民的民主参与权。党的十九大报告提出要"打造共建共治共享的社会治理格局"，"共商、共建、共治、共享"四词凝聚了党的十八大以来党和全国人民社会治理探索的集体智慧，从根本上体现了以人民为中心的主体定位，内含着对全体人民意志的遵从，对全体人民参与权的肯定。参与权是人民群众的一项重要权利，在物质匮乏的社会阶段，人们参与公共事务的动力尚不突出。但是中国特色社会主义进入新时代后,马斯洛需求层次规律开始应验,人民对于民主、法治、公平、正义和个人价值实现的愿望日益凸显,"共商、共建、共治、共享"就是党和政府要为人民群众参与治理创造的条件,提供的平台。

多元治理主体间结构化社会关系,决定了必须坚持共建共治的治理思路,充分调动街区部门、社会力量组织协调共治。通过搭建平台,凝聚多元治理主体合力。新时代加强和创新基层社会治理,必须完善治理机制,改进治理方式,下沉治理重心,促进政府、市场、社会、公众等多种力量共建共治。石井街道办在实践中探索了五项治理举措。

第一,街道办加强社区专员队伍建设。推动基层社会治理创新,要通过体制机制和治理理念的革新,破除条块分割的僵局,整合多方力量参与治理,社区专员队伍建设被提上日程。社区专员一方面可以有效地发挥收集基层民情、反映民需的作用;另一方面可以更好地发挥凝聚群众自治力量,挖掘志愿者组织的优势。

第二,以项目带组织,以组织促服务。街道办要统筹发挥社会组织协同作用,坚持以"包容性发展"为中心的发展策略,淡化传统的以管理为目的的行政秩序,加强社会组织"接得住"的服务能力建设,推动社区社会组织品牌化建设,秉持共建共治共享理念,以需求定项目,以项目带组织,以组织促服务。

第三,建立"参与型"社区协商体系。街道办按照"党委领导、多元联动、规范协商、共治共享"的总体思路,建立"参与型"社区协商体系,搭建多方参与协商的议事平台,健全完善社区矛盾纠纷化解工作体系,实现社区议事协商工作线上和线下的有机结合,更好地引导各类社会组织、流动人口等共商共治。

第四,建立"第一+"工作机制。石井街道坚持党委领导、政府主导、综治协调、各部门齐抓共管、社会力量积极参与的工作原则,打破传统治理体系的"条块分割"格局，进行跨区域、跨部门协同应对作战，强化协同联动，打造基层治理全链条，建立"第一+"工作机制，即确保辖区矛盾纠纷和问题隐患第一时间发现，第一时间处置，第一时间解决。做到"小事不出社区，大事不出街道"。

第五，建立"一人一格"网格化管理机制。石井街道以"一人一格"的标准配备网格员，定人、定岗、定责，持续深化网格管理"1+8"体系改革，进一步优化街道网格体制机制和管理流程，明晰工作职责，增强队伍活力，提高工作效能，加强网格队伍整体优化和队伍建设。特别是为了进一步落实责权利的结合，推行了"一人一格"责权结合管理机制，严格网格管理，充分发挥网格员在包干区域内的"探头""触角"作用，要求网格员每天定时定量走访片区进行巡查，及时发现、上报各类基础信息、问题苗头、安全隐患。2020年度，石井街道在全区社区网格管理工作年度考核中排名第一。

六、群团共战应对突发公共卫生事件

群团共战是新时代我国社会治理应对突发事故的举措，其理论依据是集中力量办大事的制度优势。"积力之所举，则无不胜也；众智之所为，则无不成也。"集中力量办大事，是中国共产党带领人民长期实践探索的智慧结晶，是我党的一贯主张和优良传统。所谓集中力量办大事，是指在党中央的集中统一领导下，明确发展的重点、次序、路径、方法，确保发展的系统性、整体性和协同性，既充分发挥市场在资源配置中的决定性作用，又发挥政府的调控作用。

2020年以来，突如其来的疫情肆虐，坪山区把打赢疫情防控的人民战争、总体战、阻击战作为重大政治任务和最重要工作，全区一盘棋、上下一条心，坚持把最新的理念贯彻到疫情防控一线，把最强的组织覆盖到疫情防控一线，把最优的力量选派到疫情防控一线，把最暖的

关怀送到疫情防控一线，构建起疫情防控的铜墙铁壁。石井街道办全体在实践中探索了五项治理举措。

第一，筑牢疫情联防联控、群防群治的"铜墙铁壁"。在疫情反恐工作中，石井街道群团组织积极响应、迅速行动，发扬"党有号召，群众必有行动"优良传统，充分发挥群团联系群众的桥梁纽带作用，广泛汇集各方力量，积极投身疫情防控第一线，用责任和担当筑牢石井疫情联防联控、群防群治的"铜墙铁壁"。为贯彻落实上级部门关于《坪山区关于开展"安心行动Ⅲ"若干措施的实施方案》文件要求，结合社区疫情防控实际情况，田头社区党委把党群服务中心转变为抗疫服务中心，开设"安心角"，有效发挥安全阵地功能，舒缓居民压力，安抚居民焦虑情绪。

紧紧依靠群众全面落实联防联控措施、构筑群防群治的严密防线、打赢群防群控疫情阻击战是做好疫情防控工作的关键。2022年以来，坪山区石井街道共招募疫情防控志愿者2578人次，服务时长达9023小时，已组建10支青年突击队，全覆盖下沉4个社区、53个城中村卡口、30余个核酸检测点，为坚决打赢疫情防控阻击战贡献青春力量。2022年3月14日，在收到团市委发出的《致全市团员青年的战疫动员令》之后，街道党工委发出倡议，调动辖区内各部门资源和群团力量服务抗疫一线，街道团工委迅速响应，在线上线下同步组建青年突击队，招募青年志愿者。200多名街道青年干部、60多名青年志愿者30分钟内完成集结，在社区培训后准时到达各点位，与区直单位下派干部、社区和居民小组干部共同开展扫码、维持秩序等工作。

第二，暖蜂驿站变身"能量补给站"加强阵地建设。疫情期间，早出晚归、风雨无阻穿梭在大街小巷的外卖骑手、快递小哥成了居民生活物资配送和出行的依靠，也是城市中最美的"摆渡人"。为进一步加强对外卖骑手、快递小哥等新就业劳动者的关心关爱，石井街道对辖区

3家暖蜂驿站进行服务"再升级",实行24小时全天候开放,免费提供干粮、热水、折叠床、被子、防潮垫、洗漱用品等物资;在辖区核酸检测点开设绿色通道,便于外卖骑手和快递小哥随时核酸采样;联系辖区酒店为有需要的外卖骑手和快递小哥提供免费洗漱、休息等服务,让他们能够吃饱睡好,养好精神继续工作。

第三,补齐"城中村"管理短板,门岗设置具备"三要素"。城中村因外来人口多、没有围墙的开放式地形等特点,成为疫情防控区域的重中之重。面对新型冠状病毒疫情防控工作严峻形势,石井街道以织密城中村防控网络为重点,通过严格设置门岗,开展"扫楼行动"检查防控,做好居家观察,联防联控等做法,构筑群防群治的严密防线。门岗设置具备"三要素"。每处小区门岗处按要求设置"体温监测点"的标语牌与安全警戒线,配备夜间警示灯、停车指示牌;配齐体温检测设备,做好清洁工作;对工作人员与来访人员做好体温监测登记,并对群众发放防控宣传资料,引导群众科学防控。

第四,社区检查防控实行"四步法"。"一问",详细了解来访者情况,是否来自疫情发生地、近期有无接触史;"二查",检查来访者体温,车内所有人都测,要求个别体温高的人员下车再测;"三登记",详细登记来访者信息,除本小区住户外,凡进入小区的所有人均要登记;"四处置",无特殊情况一律劝返,嘱其不要走亲访友,确需进入的人员体温测量合格并与业主联系后放行,遇到重点防控对象及时向居民小组或社区报告。

第五,居家观察做到"五要求"。"一告知",告知居家观察对象,首次接触时一次性把要求讲清楚,发放相关资料,告知小区物业,做好防疫宣传与小区管理,同时告知小区居民,加强自身防护;"二建档",建立居家观察人员信息档案,解除观察后及时销号;"三监管",监管居家观察执行情况,督促小区落实防控措施,加强居民教育管理;"四服务",安排专人对接观察对象,协助做好后勤保障,为居家观察创造有利条件;"五解除",达到解除条件时,告知注意事项并表达感谢。

另外,成立由社区工作站、社区民警、社区社康中心组成的"三位一体"组,跟踪监测疫情发生地方返深、来深人员及其密切接触者,动态更新疫情发生地抵(返)坪山人员居家观察人员信息情况汇总表。

七、开展安全生产"夜剑2022"专项行动防风险、除隐患

专项治理是新时代我国社会治理的深化探索,其理论依据是管理学中的项目管理。项目管理即对项目进行管理,是管理学中的重要内容。项目管理的目的是让团队能够有序、有质、快速交付有价值的产出物。在项目管理中要设立项目管理部门,确定责权利,制定项目规划与执行细则,一般项目管理的流程主要包括项目启动、项目规划、项目执行、项目监控和项目收尾五大过程。

安全生产是指在生产经营活动中,为了避免造成人员伤害和财产损失的事故而采取相应的事故预防和控制措施,使生产过程在符合规定的条件下进行,以保证从业人员的人身安全与健康,设备和设施免受损坏,环境免遭破坏,保证生产经营活动得以顺利进行的相关活动。安全生产就在我们身边,必须常抓不懈。可是在实际生产过程中,无论如何重视安全生产,不安全生产依然未被根除,这本身就值得反思。因此,转化宣传落实安全生产的工作方式,把安全生产作为项目管理来抓,明确责权利,切实推动安全生产的宣传转化为具体的行动。石井街道在实践中探索了五项治理举措。

第一,开展"夜剑行动"重视安全检查实效。石井街道积极响应坪山区安全专项整治集中统一行动部署,开展"夜剑2022"专项行动。"夜剑2022"专项行动着力消除安全隐患、防范化解风险,有效防范和遏制各类安全事故发生,营造安全稳定的社会环境。"夜剑行动"有三大特点：一是强调围绕消防安全、燃气安全、生产安全、生活安全而检查周边安全；二是聚焦夜间生产生活频繁的重点场所，闻令而动、主动出击，对发现的安全意识缺乏、安全责任缺失、安全隐患突出等问题，依法从严查处、从重处罚，助力辖区安全监管水平整体提升；三是要求不定期、不预告，突袭检查，发现问题。

2022年9月29日晚，石井街道开展了安全生产秋季攻势暨"夜剑2022"第四期专项行动。当晚，街道主要领导带队检查辖区宾馆、娱乐场所的安全管理状况，现场重点对住宿场所消防通道、疫情防控措施、应急物资储备等方面进行了全面督查，同时要求相关场所责任人切实履行安全职责，及时防范化解各类安全风险。在检查大鹏支线项目宿舍中，重点关注宿舍内用电安全及消防安全管理状况，要求项目管理方加强安全管理，提高工人个人防护意识，切实保障自身生命财产安全。本次专项行动围绕消防安全、燃气安全、出租屋管理、道路交通安全等重点领域，聚焦夜间生产生活频繁的餐饮场所、夜间生产企业、宾馆民宿、"四类宿舍"（企业宿舍、工地工人群租房、菜农宿舍、环卫工人宿舍）、汽修行业、出租屋、交通劝导、泥头车整治等11方面，出动120余人，共检查单位（项目、场所）94处次、出租屋66栋（367套间），检查泥头车5台。

截至目前，石井街道已经连续开展四期"夜剑行动"，共出动540余人次，共检查单位（项目、场所）798处次、出租屋310栋（1921套间），检查泥头车36台，发现隐患399处，现场整改175处，限期整改217处。扣押存在涉嫌违法的煤气罐7瓶，扣押泥头车1台。号召未上牌群众及时上牌登记，劝导约528人次，发放交通安全宣传、电动车上牌指南等宣传资料约717份，签署交通安全承诺书175份，查处电动车违法约58宗。

第二，组建"平战结合"综合网格大队作为安全检查的主力军。

石井街道办组建了 400 余人的"平战结合"综合网格大队，作为"秋季攻势"主力部队，其中约 100 人为"现役"骨干，另外 300 余人为"预备役"力量，针对突发重大事件及时启动"平时服务""战时处突"高效转换。自 2022 年 8 月 7 日起，石井街道全面发起为期三个月的"防病毒、除隐患、护稳定"三大秋季攻势，致力于纠治一切不遵守防疫规定、不履行安全责任、易引发不稳定因素的行为，形成强有力的震慑。今后，石井街道将强化"时时放心不下"的责任感和紧迫感，高效统筹发展和安全工作，紧盯重点风险隐患，不定期开展"夜剑行动"，通过"巡检、处置、督查"三分离机制，实现风险隐患闭环管控，扎实做好防风险、保安全、护稳定各项工作，全力维护良好的经济环境、社会环境和政治环境。

八、打造智慧化便民化政务服务新模式

打造智慧化新模式是新时代我国社会治理的科技赋能，其理论依据是人工智能。人工智能是研究、开发用于模拟、延伸和扩展人的智能的理论、方法、技术及应用系统的一门新技术科学。自从人工智能诞生以来，理论和技术越来越成熟，应用领域在不断扩大，可以设想，未来人工智能带来的科技产品，将会是人类智慧的"容器"，不仅应用在技术领域、生产领域、交通领域、科研领域，而且可以与国家治理体系与治理能力现代化结合起来，用于提高治理能力。石井街道办在实践中探索了三项治理举措。

第一，提升街道行政服务大厅智能化水平。充分发挥党建优势推进"党建+政务服务"融合发展，上下联动提升智慧政务服务水平，强化"互联网+"建设拓宽医保社保服务渠道，确保疫情防控与政务服务"两手抓、两不误"，让群众高效办、指尖办、就近办，打造群众满意的智慧化政务服务大厅。首先，促进"党建+政务服务"融合。一是将支部建在服务第一线，强化窗口作风建设，深化为民服务的理念意识，提高窗口工作质量和服务水平。设立党员先锋服务岗，为老弱病残孕等特殊群体优先办理业务，展现"红色志愿者"形象。二是以党建促业务、业务强党建，促进"党建+政务服务"融合。其次，创新主题党日活动内容，通过"主题党日+政务服务+志愿服务"的深化"街—社"联动服务体系，提升智慧防疫和政务服务水平。一是加强街道与社区的政务服务联动，让街道工作人员"走下去"到社区服务站指导业务办理、创文建设、疫情防控等工作，把社区工作人员"请上来"到街道大厅学习交流政务服务经验，建立起"上下联动、规范高效、服务优质"的服务体系。二是创新行政服务大厅的监测管控与服务模式，提升智慧防疫水平。启用"电子哨兵"设备，引导办事群众自觉主动扫健康码并出示场所码，实现防疫检查一步到位，群众进厅办事高效便捷。让党员轮流到大厅服务办事群众，进企业、进社区开展政策宣传与咨询服务。

第二，优化"互联网+"政务服务，拓宽医保社保服务渠道。一是将竹韵花园小区党群服务站作为试点，配备社保自助服务终端，为市民提供社保信息查询、缴费清单打印、退休人员养老金领取资格指纹认证等65项多功能服务，满足竹韵花园小区居民以及周边学校师生对社保"自助式"业务就近办理的需求，未来将逐步推广社保自助服务进企业、进小区，打通政务服务"最后一百米"。二是推进区机关事业家属统筹医疗保险业务进街道。前期通过申请经办系统网络铺设、开展受理业务培训、完成受理档案录入等准备工作，顺利完成家属统筹医保业务进驻街道行政服务大厅，提升参保人办事体验，实现就近办、网上办、掌上办。

第三，人工智能逐步应用于多方治理领域。全速推动改革创新，激发治理效能。一是全域城市空间管理服务改革破题开局。引入顶尖大型企业，全域启动城市空间管理服务，推出"18个基础项目+16个增值项目"服务清单，实现街道公共空间100%纳管。二是创新推出保障房小区"议事会+物业服务企业"治理模式。在党支部的领导下，成立竹韵花园、裕璟幸福家园居民议事会，及时解决居民诉求30余个，片区投诉率下降36%。三是完成社区"党群服务中心+民生诉求系统"改革平推。干部职工开通"一网通"账号218个，上报民生事件21198宗，结案率近100%。一支队伍全年整治问题21000多宗，"四位一体"群众工作机制解决问题2156宗。

第二节 街道办治理的机制创新

石井街道办为先行示范区贡献街道办治理模式，随着行政区划的不断变更、城市化进程的加速推进，石井经历了由乡到街道的调整过程。街道办成立以来，按照坪山加快建设深圳东部中心和特区发展第三极的决策部署，抢抓深圳东进、坪山高新区建设的历史机遇，积极推进基层党建、城市质量的提升、生态环境、社会治理、民生保障等各项工作取得新进展。

街道办治理样本要求确定基层机制的"引擎"，即街道办治理的"引擎"是街道办，也是社区。在城市治理中，街道办发挥着重要的作用，形成街道办引领的治理样本，这是传统的治理样本；但是，随着城市的扩容，街道办也扩容，这种扩容主要体现在人口数量的增加，人口密度的增加。有的街道办拥有几百万人，社区也往往高达十几万人，这样就形成了社区引领的治理样本。

无论街道办引领治理，还是社区引领治理，其实都是由所辖人口数量的变化所决定的。虽然社区引领治理伴随着城市扩容与人口的增加而成为城市街道办治理的一种新趋势。有些城市推行扁平化管理，限制街道办法治，鼓励社区自治，但是这种选择出现了新的问题。这个新的问题就是由于不同社区之间缺乏街道办这个最终裁决的平衡的力量，反而令类似公共设施选址、建设等设计公共事务，在不同社区之间往往无法取得一致意见，没有轴心所带来的危害凸显出来了。那么，如何在街道办引领治理与社区引领治理之间进行选择？是选择做强街道办样本，还是选择做强社区样本？石井街道办进行了有效的探索。

石井街道办坚持党建引领，聚集组织建设、制度创新、基础保障、能力提升，通过抓组织强核心、抓机制强引领、抓保障强根基、抓弱项强治理等"四抓四强"工作方式，不断提升城市街道办治理现代化水平，大力推进城市街道办治理制度创新和能力建设。石井街道办治理样本可以概括为"党建引领，科技赋能，街社一体"，这种街道办治理样本具有如下几个特点。

一、街道办治理模式的核心：党建引领擦亮"街道办"招牌

坚持以党建引领，把党的领导和党的建设贯穿街道办治理全过程。构建街道办治理合力机制的核心是确定"旗帜"。这个旗帜就是党建引领街道办治理。石井街道办按照区委区政府的指示与部署，积极探索党建引领街道办治理的机制，围绕让群众生活更美好的目标，全力夯基础、强治理、优服务，不断完善组织体系、治理体系和服务体系，有力推动了街道办治理创新实践，形成了党建统领街道办治理的大格局。

2021年12月9日，石井街道"城市空间管理服务项目"签约仪式正式举行，标志着石井街道党建引领城市空间管理服务提升改革"全面落子"。"为全域推进党建引领城市空间管理服务提升改革，街道成立了市政环卫组、全域停车组、智慧社区组等7个工作组，每个工作组负责一项改革内容,党员干部揭榜挂帅,发挥党员先锋模范作用,推动改革不断落地见效。"党建引领城市空间管理服务提升改革创新基层党组织作用发挥,以"创新平台+整合服务+智慧运营"形式,打破部门壁垒,实现服务资源整合,协助政府升级城市治理能效,构建全域治理生态圈。

石井街道办的党建工作从如下三方面为党建引领街道办治理提供了经验,即党建引领街道办治理机制,党建引领街道办治理样本,以及街道办治理的党建品牌。一方面,石井街道办治理机制、街道办治理的突出特点是突出"党建引领";另一方面,把基层党建工作落实到街道办治理的细微之处,通过党建引领街道办治理,有效地推动依法治国与以德治国。

综上所述,党建引领的街道办治理模式并不是以资源投入为产出的,而是以党建引领对基层现有各类资源进行的重新排列组合,更有效地发挥了资源重组后激活的力量。整个过程并没有额外增加人财物资源的投入,因此,是可持续的治理模式。

二、街道办治理模式的机制:"政府主导+企业参与+居民自治"的治理机制

构建街道办治理合力机制的保障是确定"新机制"。这个新机制就是打破行政层级的责权利结合机制,建立街道办与社区统一的责权利考核评估机制。石井街道办遵循优化机构设置、提升管理效能的原则,综合设置内部机构,结合在社区工作的情况对街道办的部门与工作人员进行考核。考核范围包括基层党建、宣传教育、群团管理、社区建设、城市管理、社会管理、公共服务、综合执法、基层组织建设等工作任务,以及开展城市管理、安全生产方面的综合执法工作。石井街道办在具体工作中和37个区级部门对接,平均每个街道办部门对接区级机构2.2个,个别部门达到一个部门对接区级5个部门甚至8个部门的状况。

石井街道坚持和发展新时代"枫桥经验",建立在建工地联席机制和约谈机制,利用街社两级综治中心(矛盾纠纷多元化解调处中心),及时有效收集和掌握群众诉求,畅通和规范群众诉求表达、利益协调、权益保障通道,延伸社会治理触角,把矛盾纠纷化解调处工作做到群众身边,构建起矛盾纠纷多元化解调处的闭环运行机制。

综上所述,"政府主导+企业参与+居民自治"的治理机制核心是街道办治理激活了多方力量参与治理,而且三方力量在治理体系中实现了动态平衡。这既是基层自治的有效探索,也是由于多方力量参与治理使治理的结果能最有效地、最大限度地被各方所接受,从而形成的可持续治理的良性治理循环体系。

三、街道办治理模式的思路:"管理"→"治理"→"智理"

习近平总书记指出:"治理和管理一字之差,体现的是系统治理、依法治理、源头治理、综合施策。""以服务为导向"要求将基层"管理"转变为基层"治理"。这不仅仅是一字之差,而是体现了向治理体系与治理能力现代化的过渡。治理体系现代化体现为治理方式是"法治化。规范化。科学化。具体化",体现为治理理念是"顺应民意,了解民情,解决民忧,赢得民心",体现为治理要义是"权为民用,情为民所系,利为民所谋"。

街道办回归"服务至上"。石井街道办治理机制的突出特点是"以服务为导向",将"人民至上""坚持以人民为中心"在街道办治理落脚在"以服务为导向",这充分体现了深圳市政府职能转变的总体方向,也有效地将党的群众路线以街道办治理机制的方式落实到细微之处。比如,石井街道举办长情老龄大学,把课程开到社区家门口,把服务送到老年朋友心坎上。该老龄大学共设5个班,招收400余名学员,开设红色文化、老少成长、技能提升、太极等四大类共计10多门课程。

科技赋能，基层治理变"智理"。2020年，坪山区拉开全面推进城市管理运营市场化、专业化改革的序幕，敢闯敢干的石井街道率先按下启动键，在太阳村、李屋小区推行试点改革，取得明显成效。

石井街道和万物云城共建基层治理指挥调度中心，通过"互联网+"，借助数字化展示平台，形成人、机器和场景"一张网"治理新局，实现多部门资源整合、高效管理、工作闭环及效率提升。目前，通过打破环卫、市政、城中村管理等交叉管理边界壁垒，环卫工作实现一体化、精细化管理。2021年10月以来，石井街道在全市、全区环卫测评指数排名稳步提升，党建引领城市空间管理服务提升改革初见成效。

综上所述，"管理"→"治理"→"智理"治理思路的转变，一方面是治理理念的转变，另一方面是科技赋能治理的体现。如果没有对人工智能的深入理解，以及尝试把人工智能引入街道办治理过程中，那么可以实现"管理"→"治理"的转变，却无法完成"治理"→"智理"的跃升。因此，现代化的基层治理体系与治理能力，既需要转变观念，又需要科技赋能。

四、街道办治理模式的规划：街道办治理"顶层设计"

街道办党委统筹领导，顶层设计，坚持明责赋权精简机构，资源力量整合。坚持以人民为中心与党的群众路线有机统一，坚持以问题为导向，着力破解群众反映强烈的突出问题，以共建共治为合力，下好基层综合治理一盘棋。

石井街道办的街道办治理"顶层设计"有如下几个特点：

第一，坚持"顶层设计"的工作思路，反对闭门造车。强调在深入实际调查研究的基础上，结合石井街道办的具体情况，根据新的形势与任务设计街道办治理的具体方案。"顶层设计"方案要坚持"从实践中来，再到实践中去"的原则，在实践中不断修改、补充、完善。因此，石井街道办治理的"顶层设计"并非一蹴而就的，也不是一次成型的，而是在实践中不断丰富与完善的。

第二，坚持"顶层设计"的工作思路，就要坚持重点论与两点论的统一。首先，要强调抓住街道办的重大问题；其次，要兼顾经济、文化、社会、民生等多方面的事务。

第三，坚持"顶层设计"的工作思路，就要坚持处理好"全局与局部，短期与长期，发展与稳定"的关系。

综上所述，从中央到地方，"顶层设计"往往逐渐趋于淡化，特别是到了街道办层面，日常工作往往陷入具体事务中而更加没有时间考虑治理的"顶层设计"。中国特色社会主义进入深水区后无法仅靠"摸着石头过河"来破解改革困境，这不仅体现在高层治理中，也体现在基层治理中，因此加强"顶层设计"不仅对高层很重要，对基层也很必要。对于要打造成为中国特色社会主义先行示范区的深圳，在街道办治理中的先行先试，也可以为全国其他城市街道办的治理提供样本。

五、街道办治理模式的架构：工作任务"下沉到社区"

第一，资源下沉到社区。推动基本公共服务资源向社区下沉，以老年人、残疾人、未成年人、困难家庭等为重点，优先发展社区养老、托育等公共服务，大力发展社区生活性服务业，让发展成果更多更公平惠及全体人民。

第二，管理下沉到社区。党员领导干部要带头服务社区群众，深度参与社区治理，在下沉工作中走在前头、做出表率，街道办将消安、网格、城管、市政等部门的外勤人员下沉到社区，由街道办选派一名优秀干部，统筹负责社区安全隐患巡查和整治工作，并优化其职责分工、优化网格分区。

第三，服务下沉到社区。推进水、电、气等社区公共事业服务事项和各类商业服务事项进社区，鼓励市场、社会力量发展社区托育、养老等服务业态，鼓励社区物业、维修、家政、餐饮、零售、美容美发等生活性服务业在社区发展。

综上所述，工作任务"下沉到社区"是街道办工作的主要特点。围绕做好"下沉到社区"的工作而调整街道办治理架构，这不仅体现了反对形式主义走过场的官僚主义作风，而且是把坚持党的群众路线与坚持推动治理体系现代化结合起来的创新举措。另外，街道办工作任务"下沉到社区"也有效地把街道办治理与社区自治结合起来，探索出了深圳先行示范区在基层治理中的"街道治理+社区自治"并行模式。

六、街道办治理模式的管理：街社网格化管理"一张网"

街道办社区网格化管理"一张网"体现在组织结构、联动管理、服务载体三方面。

第一，组织结构"一张网"。在基层党建方面，实现居民小组党支部100%覆盖，党群服务阵地也形成了"1+4+36+N"的覆盖，街道级正在改造建设党建综合体，社区都有社区级别党群服务中心，各居民小组也都有阵地，还有园区、两新等一批阵地，依托这些可以将服务送到角角落落。在街道倾心打造机关党员之家，兼有党建工作室、党建书吧、职工之家功能，为各党支部开展组织活动提供阵地，为干部职工学习阅读提供了好去处，搭建了支部之间、党员之间、职工之间的交流平台。

第二，联动管理"一张网"。近年来，石井街道强化党建引领，突出问题导向，持续下沉人力物力，成立社区综合整治队；推行"多网合一"，优化网格划分，形成"4个社区大格+36个居民小组中格+66个基础网格"；以综合网格为单位，排查梳理隐患风险点位、事件13200余项，形成综合网格隐患清单；整合街道、社区巡查力量，依托企业、小散工程和零星作业、市容环卫以及安全"巡办督系统",构建大巡查机制,形成安全巡查一张网等,推动基层治理能力不断提高。

第三,服务载体"一张网"。石井街道积极探索建立党支部领导下的"保障房小区议事会+物业服务企业"治理模式,联合党支部的建立,让保障房小区有了"主心骨",诸多隐患问题得以解决。由田头社区牵头,建立了保障房小区联合党支部微信群,诸多社区党员入群,为党员提供信息交流平台,以便消息可以快速传递。另外,田头社区党群服务中心联合物业服务企业,利用小区公共用房,建设保障房小区党群服务站。派驻社工进入小区走访调研,开展了大量党群服务活动,助力小区的生活防疫工作,居民幸福感进一步增强。这一切的成就都离不开基层党组织的引领作用。另外,石井街道还在36个居民小组中全面推广"党员之家",135个"党员之家"构建起"离群众最近"的党建网络,连接起民生服务、民情收集、基层治理的服务体系。在基层治理上,石井街道以党建引领,全面推行"三位一体"联系服务群众工作机制,把街道各项业务工作的出发点和落脚点,都与群众工作紧密联系、融会贯通在一起,做到事事都是为民服务,件件都是群众事业。

综上所述,随着科技赋能基层治理,网格化管理理念不仅可行,而且能够通过技术手段予以实施。网格化管理体现了管理对象的精准化,管理过程的精细化,管理人的责权结合化,在现代管理中发挥着不可取代的作用。但是,需要强调的是无论多么先进的科技都无法取代人与人面对面的交流,在街道办治理中要摆正网格化管理的位置,既不要忽略网格化管理,也不要把网格化管理捧上了天。要在发挥网格化管理优势的基础上,重视人与人面对面的沟通交流,特别是对于法治过程中遇到的涉及多方利益的重大问题,都需要心平气和交流沟通,协商解决。

七、街道办治理模式的保障："权随责走"的街社治理

针对街道办治理中遇到的具体问题、日常问题、突出问题，建立健全相应的领导体制和工作机制，从制度与机制上将"党建引领"细化到规章制度、考核评估以及日常工作中。石井街道办要求街道办干部深入基层，充分发挥先锋带头作用。同时，建立了"责权结合，权随责走"的机制，从组织体系与机制上确定了"党建引领，街社结合"的治理机制。

责是指责任，是职务级别所对应的应承担的义务，是分内应做的事情。权是指权力，是个人职责范围内的支配力量，是国家行政体制与行政业务运行中所赋予特定人的支配力量。利是指利益，利益有物质的也有精神的。责权利是相辅相成、相互制约、相互作用的。如果责权利对等，工作积极性就能被调动，如果责权利不对等，人们就会消极怠工。

在街道办治理中要贯彻"责权利相结合""责权利对等""责权利一致"原则，具体要求做到如下三点：第一，要求责权利三位一体；第二，要求责权利互相挂钩；第三，要求责权利明晰化，使成员知道具体的责任内容、权力范围和利益大小。

综上所述，石井街道办不仅严格坚持"责权利一致"原则，调动了干部的积极性、主动性、创造性，而且根据工作需求创造了"权随责走"的街社治理，打破了行政权力级别对街道办开展治理的束缚，在不打破现有公务员行政级别与体系的基础上，解放思想，大胆探索，以"人民对美好生活的追求，就是我们的奋斗目标"为宗旨，把"死"的权力变为"活"的权力，提出"权随责走"的工作原则，实质上是体现了"权为民所用、情为民所系、利为民所谋"的正确权力观和政绩观。

八、街道办治理模式的发展：科技赋能打造智慧治理

事物是不断发展变化的，街道办治理模式也必然要随着形势变化而进行调整。2021年3月，《中华人民共和国国民经济和社会发展第十四个五年规划和2035年远景目标纲要》进一步强调要"激活数据要素潜能，推进网络强国建设，加快建设数字经济、数字政府，以数字化转型整体驱动生产方式、生活方式和治理方式变革"。

石井街道将继续丰富基层治理指挥调度中心职能，增加服务清单内容，整合停车、三小场所烟感系统等，加装井盖溢水监测器、楼栋配电箱负荷监测等设施，在目前环卫、市政服务基础上，重点推进全域停车、智慧社区等建设，切实实现科技赋能基层治理。党建引领、科技赋能，石井街道城市空间管理服务提升改革旨在打造政府"放管服"新标杆，构建全域智治"石井样板"，为"创新坪山，未来之城"的"未来治理"提供有益探索。

科技赋能，探索未来治理模式。随着经济发展和服务提升，石井街道在党建引领下，积极探索"未来之城"的未来治理模式，贯彻落实"创新坪山，未来之城"的理念，利用科技为社区服务赋能。城市空间管理服务提升改革以"创新平台+整合服务+智慧运营"形式打破部门壁垒，实现服务资源整合，创新使用"智慧工单"闭环的模式，节约人力成本，提高服务效率，协助政府升级城市治理能效。同时，在石井街道和万物云城共建街道办治理指挥调度中心，通过"互联网+"，借助数字化展示平台，形成人、机器和场景"一张网"治理新局，实现多部门资源整合与高效管理，不仅使用AI巡逻车每天巡逻，还安装了150个垃圾桶满溢传感器，40个路灯单灯控制器，10个公厕空气质量检测器，创新推出"公厕空气指数"，整个流程形成"发现—报事—协调—监督—关单—评价"的工单闭环，不仅精准效率高，还能实现有力监督评估。石井街道构建城市空间管理服务提升改革为"未来之城，未来治理"提供有益探索。

综上所述，科技赋能、智慧化城市，这些都是未来城市与未来治理的方向。但是，"冰冷"的科技只有转化为有"温度"的治理，才能赢得民心，赢得群众。而从科技转化为治理的过程，必定是一个循序渐进的过程，必定是一个不追求科技含量而重视科技效果的过程，必定是一个现代科技手段与现代治理理念相互交融形成新治理方式的过程。这三个并行的过程与我们所倡导的党建引领治理，坚持党的群众路线的治理等，不仅没有矛盾，而且相互包容，共同构成中国特色社会主义先行示范区深圳推进街道办治理体系现代化的基本原则。

本章小结

本章重点梳理石井街道办治理的实践与机制创新。从七方面对实践探索进行总结。第一，把党的领导和建设贯穿街道治理全过程；第二，不回避矛盾，着力破解群众反映强烈的突出问题；第三，推动资源下沉，增强"行走的石井"治理能力；第四，提升依法行政能力，创造良好法治环境；第五，构建"共商、共建、共治、共享"的新格局，提高治理效率；第六，群团共战应对突发公共卫生事件；第七，打造智慧化便民化政务服务新模式。其中，党建引领是核心，问题导向是目标，责权到人是关键，依法治理是主线，一盘棋统筹是保障，网格化管理是方法，科技赋能是增效。

治理实践探索的成功经验最终要形成机制创新，这样才能保障治理体系趋于不断完善，治理能力得以持续提升。机制创新不可能一蹴而就，有赖街道办有目的、有计划地不断尝试、探索，归根到底这是对街道办的规划能力、执行能力、纠错能力、总结能力的考验。支撑这四种能力的原动力就是党的群众路线。坚持党的群众路线,就要坚持为人民服务,坚持以人民为中心,把人民对美好生活的追求作为街道办工作的目标;就要坚持具体问题具体分析,要以问题为导向,以目标为引领,针对不同的问题找出不同的解决方法。刻舟求剑、守株待兔的工作态度,本质上是官僚主义,是懒政、怠政的表现。

同时,对治理机制的创新过程就是坚持依法治国的过程。依法治国不是一句口号,而是基层治理的主线。推动法治中国建设,就要从推动基层治理法治开始。坚持依法治国,不是遇事都要请律师,出现矛盾都要法庭见,而是要坚持把依法治国与以德治国结合起来,重视发挥好街道办的交流沟通、调解协商作用。

第五章

石井街道办治理的文化力量与品牌亮点

文化是一个国家、一个民族的灵魂，是维系国家统一和民族团结的精神纽带，是民族生命力、创造力、凝聚力的集中体现。文化在推进基层治理现代化中发挥着重要作用。2018年7月6日，习近平总书记主持召开中央全面深化改革委员会第三次会议并发表重要讲话，会议审议通过了《关于建设新时代文明实践中心试点工作的指导意见》。会议强调，新时代文明实践中心，是深入宣传习近平新时代中国特色社会主义思想的一个重要载体，要着眼于凝聚群众、引导群众，以文化人、成风化俗，调动各方力量，整合各种资源，创新方式方法，用中国特色社会主义文化、社会主义思想道德牢牢占领思想文化阵地，动员和鼓励广大群众积极投身社会主义现代化建设。

第一节 街道办治理的文化力量

一、文化力量的源泉与以人民为中心

文化兴国运兴，文化强民族强。文化是一个民族的灵魂和最深层次的基因。文化力量是最深沉、最持久的力量，决定着民族向心力和凝聚力，决定着民族兴衰和国家兴亡。正如习近平同志在《文化是灵魂》一文中所指出的："文化的力量，或者我们称之为构成综合竞争力的文

化软实力,总是'润物细无声'地融入经济力量、政治力量、社会力量之中,成为经济发展的'助推器'、政治文明的'导航灯'、社会和谐的'黏合剂'。"①

(一) 文化的力量是最深沉、最持久的力量

《易经》载:"观乎天文,以察时变,观乎人文,以化成天下。"意思是说通过观察天象,可以了解自然时序的变化,通过观察人类社会的各种现象,可以用道德教化的方法来治理天下。"文",甲骨文像一个人正面站立着,胸前画有纹饰,其最初的本义便是文身,后来引申之,有了式样和秩序的内涵。文有空间之文、时间之文和人类精神之文。其中最核心的便是精神之文,即文化。一位哲学家曾做过这样的比喻:政治是骨骼,经济是血肉,文化是灵魂。文化既是一个人的灵魂,更是一个民族的灵魂和深层基因,是维系国家统一和民族团结的精神纽带,是民族生命力、创造力、凝聚力的集中体现。古语有言:"国之大事,在祀与戎。""祀",即古代中国文化的内核,是凝聚诸多民族、建立美好国内秩序的精神力量。文化的力量是最深沉、最持久的力量,是民族生存和强大的根本力量。

"文化兴国运兴,文化强民族强"始终是颠簸不灭的真理。新中国成立以来,我们始终坚持先进文化的前进方向,充分发挥社会主义核心价值观在社会发展中的价值引领、精神凝聚作用,为社会主义各项事业蓬勃发展提供了强大正能量、奠定了和谐发展之基、凝聚了民族力量。习近平总书记指出:"我们始终坚持发展社会主义先进文化,加强社会主义精神文明建设,培育和践行社会主义核心价值观,传承和弘扬中华优秀传统文化,坚持以科学理论引路指向,以正确舆论凝心聚力,以先

---

① 习近平. 干在实处走在前列:推进浙江新发展的思考与实践 [M]. 北京:中共中央党校出版社,2006:289.

进文化塑造灵魂，以优秀作品鼓舞斗志，爱国主义、集体主义、社会主义精神广为弘扬，时代楷模、英雄模范不断涌现，文化艺术日益繁荣，网信事业快速发展，全民族理想信念和文化自信不断增强，国家文化软实力和中华文化影响力大幅提升。"①

文化的力量是最深沉、最持久的，社会的发展进步始终离不开先进文化的价值引领和精神支撑，先进的文化必然是能够顺应社会历史发展规律、反映和适应先进生产力的发展要求、代表和维护最广大人民群众根本利益的文化。社会主义先进文化作为中国社会文明进步的结晶，为中国特色社会主义事业发展进步提供了强有力的价值指引、精神动力和智力支持。社会主义先进文化是中国特色社会主义经济发展的"助推器"、政治文明的"导航灯"、社会和谐的"黏合剂"。因此，要加强城市街道治理必须加强基层文化建设，充分发挥社会主义先进文化"润物细无声"的无形力量，为提升城市街道治理效能注入强劲动力。

（二）应对意识形态领域的各种风险挑战必须发挥文化的力量

改革开放的过程也是当代中国社会转型和变革的过程，在社会转型的过程中会出现文化价值作为一种观念性的取向在面对社会新旧交替时不断更新变化的情况，也就是说，社会的剧烈变革会对人们原有的价值观念产生极大的冲击。改革开放40余年，经济领域飞速发展的同时，思想文化领域也进入了一个思想大活跃、观念大碰撞、文化大交融的时代，文化冲突、价值冲突等问题也逐渐显露，也越发彰显精神文明建设的重要性。

随着对外开放政策的实施和不断深入推进，西方社会思潮和文化价值观念也随之涌入了中国，这些社会思潮和价值观念有积极的方面，如

---

① 习近平. 在庆祝改革开放四十周年大会上的讲话［N］. 人民日报，2018-12-19（1）.

讲究公平竞争、注重效率和法制建设等，但同时也有消极的一面，比如，"普世价值"、历史虚无主义等。正如邓小平同志所说，"对外开放，是会有苍蝇、蚊子飞进来，但是随之而来的还有新鲜空气"。

另外，随着改革开放的不断深入，市场经济发展本身存在的问题和消极因素在社会中逐步表露出来，并逐渐表现在人们的思想道德领域和人与人的关系上，致使一些人理想信念动摇，导致拜金主义、享乐主义、极端个人主义有所滋长，一些人的世界观、人生观、价值观发生扭曲。比如，有些人信奉"金钱至上""金钱万能"的思想观念，为了金钱，不顾礼义廉耻，不顾良心、责任，不惜贪赃枉法，腐化堕落等。正所谓"礼义廉耻，国之四维；四维不张，国乃灭亡"，这种低俗的思想观念和生活方式的危害性不可低估，若不能有效加以引导，便会导致社会的道德沦丧和信仰缺失，整个社会便会失去精神支柱，社会发展也会迷失方向、丧失意义。

改革开放伊始，特别是近年来，各种错误思潮无孔不入，打着各种虚伪的旗号，诋毁马克思主义、社会主义、中华民族等，意图解构和瓦解当代中国的主流价值，这些思想观念对社会主义意识形态工作带来了严峻挑战。具有代表性的主要有以下三种：

第一，西方文化中心主义主导下的"普世价值"论。所谓"普世价值"论，无非是西方文明中心论的当代表现，主要表现为打着"自由、民主、博爱"的旗号，为西方主流价值和政治制度唱赞歌，将西方的主流价值和政治制度作为衡量一切好坏的标准，并以此标准诋毁包括中国在内的一些主权国家，以实现其文化霸权的战略意图。

第二，资本逻辑主导下的新自由主义思想。资本逻辑是当代资本主义社会结构运行的主导逻辑，在资本主导下，一切政治、经济、文化等活动均为资本服务，而新自由主义便是其在思想文化层面的现实反映，新自由主义主张一切私有化、自由化，追求个体私利最大化，主张消费主义、拜金主义、享乐主义等，其目标指向则是意图瓦解社会主义的制度之基——公有制。

第三，以唯心主义历史观为理论基础的历史虚无主义。所谓历史虚无主义，无非是唯心主义历史观的沉渣泛起，是世界社会主义运动低潮和西方和平演变社会主义国家两种力量共同驱动的产物，产生之初，就承载着哲学意义上的意识形态斗争的使命。习近平总书记指出："历史虚无主义的要害，是从根本上否定马克思主义指导地位和中国走向社会主义的历史必然性，否定中国共产党的领导。""要警惕和抵制历史虚无主义的影响，坚决抵制、反对党史问题上存在的错误观点和错误倾向。"

随着时代的发展，以上各种错误思潮宣传渗透手段不断花样翻新，借助新媒体平台四处传播，虚无历史，丑化领袖人物、英雄人物，诋毁中国共产党和社会主义道路，在人民群众中产生了极为负面的影响。由于明辨是非、鉴别真伪的能力不足，一些群众便逐步掉入这些错误观念言论的话语陷阱，迷失了价值方向。

要抵御意识形态领域的挑战，抵御这些错误思想观念的侵蚀，就必须推进社会主义精神文明建设，发挥社会主义先进文化的价值指引作用。习近平总书记形象地指出："当高楼大厦在我国大地上遍地林立时，中华民族精神的大厦也应该巍然耸立。"改革开放伊始，我们党便创造性地提出建设社会主义精神文明的任务，确立了"两手抓、两手都要硬"的战略方针。

改革开放40余年来，我们党始终坚持将精神文明建设贯穿改革开放和现代化全过程，不断推动物质文明和精神文明协调发展，既创造了物质文明发展的世界奇迹，更是创造了精神文明发展的丰硕成果，为全国各族人民不断前进提供了强大的精神力量和丰润的道德滋养。新的生活方式必须有与时俱进的先进价值观念来引导，社会主义核心价值观便是新时期中国人民的价值信仰和精神指南。空前繁荣的中国特色社会主义文化，开阔了人们的视野，促进了思想解放和观念的更新，使人们的自立意识、竞争意识、民主意识、法律意识大大增强，爱国主义、集体主义、科学文明、积极向上的思想风尚和道德风尚，成为我国人民精神世界的主流。

（三）要发挥文化的力量，必须始终坚持以人民为中心的价值导向

人民群众是推动社会主义文化大发展大繁荣最深厚的力量源泉。谁是历史的真正创造者？一直以来便存在着两种根本对立的观点，即群众史观和英雄史观。

英雄史观又分为主观唯心主义的英雄史观和客观唯心主义的英雄史观。前者认为最终决定历史发展的是历史上少数英雄豪杰、帝王将相的思想智慧、品格才能、愿望意志等因素，而人民群众不过是消极、被动的存在，只是英雄人物的盲目追随者而已，比如，英国历史学家T.卡莱尔便认为，全世界的历史"实际上都是由降生到这个世界上来的伟大人物的思想外在的、物质的结果"；后者则认为，人类历史是由某种客观、神秘的力量所决定的，比如上帝。在西方，古代和中世纪的神学家们都认为人类历史的产生和发展都是一种超自然的力量所决定的，这种超自然的力量就是上帝，上帝便是主宰国家兴亡、民族盛衰的最高力量。

马克思主义唯物史观则认为，人民群众才是历史的主体，是历史的创造者，在推动人类社会历史发展中起着决定性的作用。人民群众的总体意愿和行动代表了历史发展的方向，人民群众的社会实践活动创造了丰富的物质财富和精神财富，并最终决定历史发展的结局。正如毛泽东

同志所指出的："人民，只有人民，才是创造世界历史的动力。"①

人民群众是物质财富的创造者，人民群众及其实践活动是文化力量的根本源泉。因此，我们要充分发挥文化的力量，必须始终坚持以人民为中心的根本价值立场。党的十九大报告指出，"坚持以人民为中心。人民是历史的创造者，是决定党和国家前途命运的根本力量。必须坚持人民主体地位，坚持立党为公、执政为民，践行全心全意为人民服务的根本宗旨，把党的群众路线贯彻到治国理政全部活动之中，把人民对美好生活的向往作为奋斗目标，依靠人民创造历史伟业"②。

中国特色社会主义进入新时代，我国社会主要矛盾已经转化为人民日益增长的美好生活需要和不平衡不充分的发展之间的矛盾。所谓美好生活既包含了物质美好生活，更是包含了精神文化美好生活，突出表现为人民群众的精神文化需求不断提升。坚持以人民为中心的价值导向，就要以不断满足人民群众日益增长的精神文化需要为目标，以街道文化建设为核心，不断增强人民精神力量、丰富人们精神世界，凝聚街道长效治理内生力量，构建街道治理自治共治、群建群享新格局。

二、文化力量的手段与党的群众路线

文化建设的推进、文化力量的发挥必须坚持群众路线。群众是文化力量的源泉，也是文化创造的主体和分享者，基层文化建设要始终坚持为了群众、依靠群众。基于此，充分发挥文化的力量，必须坚持群众路线，以满足人民精神文化需求为全部工作的出发点和落脚点，切实维护好、保障好人民基本文化权益，促进人的全面发展。

---

① 毛泽东. 论联合政府 [M] //毛泽东. 毛泽东选集：第三卷. 北京：人民出版社，1991：1031.
② 习近平. 决胜全面建成小康社会 夺取新时代中国特色社会主义伟大胜利——在中国共产党第十九次全国代表大会上的报告 [M]. 北京：人民出版社，2017：21.

(一) 发挥文化力量的手段

树立典型,营造风清气正的良好风向。榜样的力量是无穷的。《论语·里仁》有云:"见贤思齐焉,见不贤而内自省也。"列宁也曾说过,榜样的力量是无穷的。一个人、一个故事、一段话语,看似平凡简单,却能激发人们向善的、好的方向继续前行。中华优秀传统文化中的人物、典故、成语、诗歌等,构成了一幅立体的文化力量画卷。

中华优秀传统文化与改革开放的时代化的结合,所形成的社会主义核心价值观就是文化力量的风向标。

培育和践行社会主义核心价值观。社会主义核心价值观作为中国特色社会主义文化建设的灵魂,作为规范社会主义文明生活的道德规范和价值准则,为实现和谐人际关系提供了价值遵循,为建设和谐社会发挥了重要价值引导作用,是中国特色社会主义事业有序进行、和谐发展的基本保证。要抵御意识形态领域的挑战,必须积极倡导和弘扬社会主义核心价值观,筑牢意识形态阵地,通过社会主义核心价值观的宣传和培育,引导广大人民群众做社会主义核心价值观的坚定信仰者、积极传播者、模范践行者。

习近平总书记指出:"核心价值观是文化软实力的灵魂、文化软实力建设的重点。这是决定文化性质和方向的最深层次要素。一个国家的文化软实力,从根本上说,取决于其核心价值观的生命力、凝聚力、感召力。培育和弘扬核心价值观,有效整合社会意识,是社会系统得以正常运转、社会秩序得以有效维护的重要途径,也是国家治理体系和治理能力的重要方面。历史和现实表明,构建具有强大感召力的核心价值观,关系社会和谐稳定,关系国家长治久安。"[①]

[①] 习近平. 培育和弘扬社会主义核心价值观 [M]//习近平. 习近平谈治国理政. 北京:外文出版社,2014:163.

习近平总书记在会见第四届全国道德模范及提名奖获得者时强调指出："伟大时代呼唤伟大精神，崇高事业需要榜样引领。当前，全国各族人民正在为实现中华民族伟大复兴的中国梦而奋斗。我们要按照党的十八大提出的培育和践行社会主义核心价值观的要求，高度重视和切实加强道德建设，推进社会公德、职业道德、家庭美德、个人品德教育，倡导爱国、敬业、诚信、友善等基本道德规范，培育知荣辱、讲正气、作奉献、促和谐的良好风尚。"①

要坚持把社会主义核心价值观融入社会生活的方方面面，必须重视"最后一公里"，街道办必须发挥重要的作用。第一，街道办开展的活动是教育引导、舆论宣传、文化熏陶、实践养成的关键环节；第二，要使社会主义核心价值观的影响像空气一样无处不在、无时不有，在落细、落小、落实方面下功夫，街道办很关键。

(二) 群众路线是党的生命线和根本工作路线

群众路线是党的生命线和根本工作路线，是我们党攻坚克难不断取得胜利的宝贵经验和传家宝。

以毛泽东为代表的中国共产党在长期斗争中形成了一切为了群众、一切依靠群众和从群众中来、到群众中去的群众路线。1929年9月28日，《中共中央给红军第四军前委的指示信》中第一次提出了"群众路线"这个概念。1943年6月，毛泽东在《关于领导方法的若干问题》一文中所说的："在我党的一切实际工作中，凡属正确的领导，必须是从群众中来，到群众中去。"②

党的群众路线集中体现了马克思主义的人民立场。马克思主义最鲜明的政治立场，就是为绝大多数人谋利益，致力于实现最广大人民的根

---

① 习近平. 为实现中国梦凝聚有力道德支撑[M]//习近平. 习近平谈治国理政. 北京：外文出版社，2014：159.
② 中共中央文献研究室. 毛泽东选集：第三卷[M]. 北京：人民出版社，1991：899.

本利益。早在1844年，马克思和恩格斯在《神圣家族》中就深刻指出："历史活动是群众的事业，随着历史活动的深入，必将是群众队伍的扩大。"① 在《共产党宣言》中，马克思和恩格斯也庄严宣布："过去的一切运动都是少数人的或者为少数人谋利益的运动。无产阶级的运动是绝大多数人的、为绝大多数人谋利益的独立的运动。"② 无产阶级的革命导师把历史唯物主义的这一原理运用于无产阶级的革命实践，阐明了无产阶级革命事业乃是千百万人民群众的事业的实质，说明无产阶级革命既是为最广大人民群众谋利益的革命，又是由最广大人民群众实现的革命。

马克思主义群众观的诞生和运用，开创了人类社会发展学说的新境界，成为无产阶级解放自己的思想支撑。"从群众中来、到群众中去"，充分体现了马克思主义认识论中从实践到认识、再从认识到实践辩证统一的思想，也体现了人民群众是历史实践的主体这一唯物史观基本观点。党要实践一切为了群众，一切依靠群众的宗旨，要把亿万人民群众动员、组织起来，为自己的利益而奋斗，必须有正确的认识，在正确认识的基础上制定正确的路线、方针、政策。

（三）发挥文化的力量，要始终坚持"从群众中来、到群众中去"的根本工作方法

要发挥文化的力量，必须注重手段和方法的运用。在基层治理尤其是城市街道治理中，要始终坚持"从群众中来、到群众中去"的根本工作方法，深入基层，深入群众，发动群众广泛参与，凝聚人民群众的智慧。

---

① 中共中央马克思恩格斯列宁斯大林著作编译局. 马克思恩格斯全集：第二卷［M］. 北京：人民出版社，1957：104.
② 中共中央马克思恩格斯列宁斯大林著作编译局. 马克思恩格斯文集：第二卷［M］. 北京：人民出版社，2009：42.

要让习近平新时代中国特色社会主义思想飞入寻常百姓家。习近平新时代中国特色社会主义思想是当代中国马克思主义、21世纪马克思主义，是中国化时代化马克思主义的最新成果，为我们推进新时代中国特色社会主义各项事业发展提供了科学指引和行动指南。新时代，要发挥中国特色社会主义文化的力量，必须要推动习近平新时代中国特色社会主义思想落地生根、开花结果。

要推动习近平新时代中国特色社会主义思想落地生根，就要深入群众，就要接地气，以人民群众喜闻乐见的方式进行理论阐释和宣传工作。要注重搭建多元平台载体，创新方式方法。要继续完善和丰富原有的学习方法，组织各种形式的主题学习教育活动，以往的理论宣传多采用灌输式的理论宣传方式，通过听取报告、传达文件等方式宣传理论，形式载体单一，感染力较低，效果较差。因此，必须拓宽学习宣传平台，搭建多元平台载体，既要充分发挥传统媒体如电视、报纸、广播等的重要作用，又要建构新兴的手机报刊、手机电视、手机网站、手机电台、AR电视、楼宇视频、网络数字电视、网络广播、微博、微信等平台载体，要积极运用新媒体资源方便快捷、信息丰富、形式多元的优势，加强学习教育网络建设，创立网络读书平台、手机读书平台，形成立体互动的交流方式，扩展广大党员群众学习的空间，形成宣传理论工作、推动理论学习的崭新载体，不仅能提升党员群众的学习兴趣，提高学习参与率，而且可以提升理论宣传的传播力和影响力。

要深入生活、扎根人民，提高基本公共文化服务的覆盖面和适用性。习近平总书记指出："要引导广大文化文艺工作者深入生活、扎根人民，把提高质量作为文艺作品的生命线，用心用情用功抒写伟大时代，不断推出讴歌党、讴歌祖国、讴歌人民、讴歌英雄的精品力作，书写中华民族新史诗。要坚持把社会效益放在首位，引导文艺工作者树立正确的历史观、民族观、国家观、文化观，自觉讲品位、讲格调、讲责任，自觉遵守国家法律法规，加强道德品质修养，坚决抵制低俗庸俗媚俗，用健康向上的文艺作品和做人处事陶冶情操、启迪心智、引领风尚。要推出更多健康优质的网络文艺作品。要推动公共文化服务标准化、均等化，坚持政府主导、社会参与、重心下移、共建共享，完善公共文化服务体系，提高基本公共文化服务的覆盖面和适用性。要推动文化产业高质量发展，健全现代文化产业体系和市场体系，推动各类文化市场主体发展壮大，培育新型文化业态和文化消费模式，以高质量文化供给增强人们的文化获得感、幸福感。要坚定不移将文化体制改革引向深入，不断激发文化创新创造活力。"①

要讲好群众故事，凝练群众智慧。要结合老百姓身边的事，结合与老百姓息息相关的事，凝练群众文化实践智慧，讲好群众故事。习近平总书记指出："讲故事就是讲事实、讲形象、讲情感、讲道理，讲事实才能说服人，讲形象才能打动人，讲情感才能感染人，讲道理才能影响人。"比如，可以通过讲本地区的好人好事，传播正能量，营造风清气正的氛围，通过讲本地区生态环境的治理和变化讲习近平生态文明思想，通过讲我们的高铁发展讲我们的科技创新，通过讲老百姓生活的改善讲我们的民生建设，通过讲行政服务的提升讲国家治理现代化，通过讲脱贫攻坚故事、讲抗疫故事阐述人民至上的核心价值，等等。要注重凝练群众文化实践智慧。群众的社会实践是文化产生和发展的源泉，推进文化工作必须深入实践，深入群众。毛泽东同志早在延安文艺座谈会讲话中就指出："人民生活中本来存在着文学艺术原料的矿藏，这是自然形态的东西，是粗糙的东西，但也是最生动、最丰富、最基本的东西；在这点上说，它们使一切文学艺术相形见绌，它们是一切文学艺术

---

① 习近平．习近平在全国宣传思想工作会议上强调 举旗帜聚民心育新人兴文化展形象 更好完成新形势下宣传思想工作使命任务［N］．人民日报，2018-08-23（1）．

的取之不尽、用之不竭的唯一的源泉。"① 因此，推动文化创新，发挥文化在基层治理中的作用，必须自觉贯彻党的群众路线，充分尊重和发挥人民群众在文化建设中的主体地位和首创精神，实现文化繁荣发展。

第二节　街道办治理的创新品牌

一、便民品牌

便民不是口号，而是行动；不是豪言壮语，而是润物细无声的温度。街道办在治理中围绕群众不断创新服务项目，提高服务质量，打造服务品牌，形成立体的、动感的、有温度的便民品牌。

第一，提供"爱心午餐"。党建入微处，惠民细无声，群众利益无小事。坪山区石井街道石井社区党委用党建标准提升服务质量，以服务质量推进党建成果，发动义工、社工、志愿者与爱心企业，坚持七年推进"爱心餐桌"项目，坚持送温暖。该项目于2015年4月启动，主要服务于社区内80岁及以上高龄、患病、行动不便、独居的老人，为他们每周四免费送午餐。

社区工作人员胡东兰说："这个项目前期准备了很久，在实施之前，社区多次走访老人了解他们的用餐需求和喜好。爱心午餐不仅是给老人们送餐，更多的是与老人们谈心，关心他们的身体状况，了解老人的一些需求，再为他们尽可能提供帮助，做这项工作非常有成就感。"享受这项服务五年的苏子胜老人非常感激这个项目，对他来说，这不仅是每周四的一顿爱心午餐，也是有人嘘寒问暖的关怀。石井社区的何锦

---

① 毛泽东. 毛泽东选集：第三卷 [M]. 北京：人民出版社，1991：860.

辉老人也表示这个项目非常关心老人和老党员，非常感谢党支部的关心和党的政策。

从一开始每周50人到如今的60人，每周四社区工作人员风雨无阻，挨家挨户为老人送餐上门。截至目前，该项目送餐已达298处，服务累计达到11205人次。从食堂采购到厨房环节，送餐规划考虑到长者的口味、食材的烹饪以及家常谈心。社区党委——建制定规、建档管理、建标遵行，以优质的服务与长期的坚持获得了居民群众的广泛赞誉。以党建提升服务质量，以服务验证党建成果。

坪山区石井街道切实解决群众急难愁盼问题，爱心餐桌这样的特色项目已经形成了"党员引领+专业社工服务+社区其他力量参与"的结对帮扶模式，党建引领有效提升了社区群众的幸福感。

第二，开展青少年成长和健康关爱活动。石井街道关注青少年发展需求，为进一步引导社区青少年听党话、感党恩、跟党走，厚植爱国主义情怀，田头社区以"红色基因，携手传承"为主题开展了形式多样、丰富多彩的红色主题教育活动。活动内容包括聆听老一辈的故事、学习党史、观看红色影视作品、党史知识竞答、红色游戏等，通过寓教于乐的方式，社区青少年真实地了解革命先辈艰苦奋斗的历史，并从中潜移默化地接受红色教育和爱国教育，自觉学习革命战士勇于吃苦、顽强拼搏的精神，助力青少年树立正确价值观。

与此同时，田头社区也非常关注青少年的心理健康问题，通过开展多种形式的心理健康系列活动，进一步强化青少年儿童对心理健康知识与技巧的认知和学习。为了更好地为社区青少年发展助力，田头社区结合现有资源，为社区青少年搭建志愿服务实践平台，鼓励社区青少年利用课余时间协助党群服务中心开展活动、走访居民协助调研活动、参与垃圾分类宣传湿地保护等活动，引导青少年从小树立志愿服务意识，增强社会责任感和社会实践能力。

第三，打造"金龟党建大篷车"。金龟社区党委始终以"实"字当头，从"细"处着手，扎实推进"我为群众办实事"的实践活动，组织开展党建"大篷车"活动。采用"定点+移动式"的服务模式，将工作人员岗位搬至门外。固定点设置在党群服务中心门口，移动点设置在居民小组、登山口、广场等地，通过积极探索"党组织牵头、社会多元化参与"的服务模式，组织党员、居民志愿者参与其中。结合每月每周不同的服务主题、搭配不同季节的养生茶，为来往游客、居民、务工人员等宣讲政策法规，文明知识。党建"大篷车"不仅是民情收集点、服务咨询点，还是整合多元服务的连接点。

另外，党建"大篷车"提供的垃圾分类、创文宣传、凉茶供给、政策宣传等多元化服务都是贴合居民群众日常需求的小事情。如今，党建"大篷车"已成为常态化便民服务项目，在服务居民群众的同时，也会吸引群众以志愿者的身份参与其中，以此扩大服务的广度和深度，助推社区营造互助互爱的氛围，让居民群众的获得感、幸福感更加充实、更有保障。截至目前，该项目已累计开展63期，服务约3000人次，获得了居民、务工人员、游客的诸多好评。

第四，提供"石井秘书"居家养老服务。在石井街道，"石井秘书"居家养老项目让这里的老人多了一份生活的保障。通过一个类似手机的小设备，可以为有需要的居家老人提供24小时仿真秘书服务，包含健康、生活、情感、娱乐、安全等服务。目前，街道共有866位老年人签约加入"智慧养老"服务网络，实现了"智慧养老，子女放心"。"石井秘书"健康服务平台正是石井以人民为中心，构建立体多维的基层治理举措，朝着共建、共治、共享的目标发力的一个具体案例。

第五，打造"蓝领驿家"。石井工业园区党委以服务为本，针对园区位置偏僻，公共服务资源匮乏等情况，量身定制打造"蓝领驿家"

载体平台,聚焦园区工人需求,提供党群活动、济困助学、法律服务、相亲交友、就业咨询、休闲娱乐等服务内容。自开放以来,已开展各类活动50余场,服务3000余人次。位于石井工业园的"蓝领驿家"石井工业园党群服务站是坪山区众多党群服务阵地之一。

"蓝领驿家"的外部装饰一如其名:蓝白色的外饰,占地面积并不大。可就是这个"其貌不扬"的党务服务站,自2017年11月建成并开展服务以来,共开展400余场活动,服务20000余人次。这个小小的服务站设置了蓝领书吧、蓝领接待室、放松吧、党群活动室、服务加油站和蓝领梦工场6个功能室。除了看得见的硬件设施,石井办事处还在软服务上下功夫,每月为园区内人员提供党群活动、济困助学、法律服务、相亲交友、就业咨询、休闲娱乐、综合服务等服务内容,通过将常规服务与特色服务融合开展,聚焦党群服务,让党群服务站成为党员、职工的温暖港湾,打造基层党建工作创新成果的重要阵地。"蓝领驿家"党群服务站建成开放后,立即成了工友们喜爱的去处,大伙不仅可以在这里读书、品咖啡、上网看电影,还能阅读学习党史与党的十九大精神,业余生活不再枯燥单调。

在"蓝领驿家"借阅书籍的劳务工张裕昌竖起大拇指连声称赞"蓝领驿家"党群服务站为园区工人带来的变化。"蓝领驿家"常设工作人员不多,很多服务项目需要通过招募园区志愿者的方式来开展。辖区的工人们在服务中与"家"一起成长,向党组织靠拢,为辖区经济平稳健康发展和社会稳定打下了坚实的组织基础。

小微党建阵地的建设,激活了石井街道基层党建的"神经末梢",通过热心的服务和看得见的"有求必应",不断增强"家"的吸引力和凝聚力,丰富了居民、劳务工的精神文化生活。通过大家共同的努力,学习充电的多了,牢骚矛盾少了,邻里关系更加融洽了,成了石井街道打造共建共治共享社会治理格局的坚实阵地,园区职工"社交"新阵地。

二、教育品牌

石井的文化多元开放。客家文化、移民文化、侨民文化、红色文化等交相辉映，璀璨绽放。石井是典型的移民区域，非户籍人口约占82.3%。有港澳同胞1435人，还有一批海外华侨。其中田心一带曾是东江纵队的重要活动区域，在1942年那场由东江纵队主导的"中国文化名人大营救"中，田心是此次大营救的重要中转地，居住过廖承志、乔冠华、矛盾等人。加上金龟自然书房、南中学堂、石井简阅书吧、"不忘初心、牢记使命"主题教育馆等成为石井的亮丽底色。

第一，赓续田心的红色基因。坪山区石井街道田心社区位于坪山最东端，东临惠州大亚湾经济技术开发区，下辖新联、新屋地、散屋、水祖坑、对面喊、树山背、罗谷、杜岗岭、上洋、向阳10个居民小组。优渥的地理位置、良好的生态环境、悠久的历史孕育了这里中西合璧的客家民居、保护完好的自然风光和众多感人至深的英雄事迹。

田心社区是一块挥洒革命先辈汗水、泪水的热土。水祖坑村的"水源世居"普通的外观下蕴藏着众多红色故事，它是抗日战争时期中共地下党组织的秘密交通站和东江游击队的重要指挥部之一。也是太平洋战争爆发、香港沦陷后文化名人大营救的重要中转站，为中国革命做出了重要贡献。值得关注的是，这里曾见证了被茅盾先生赞颂为"抗战以来最伟大的抢救工作"的"香港秘密大营救"活动。这项工作历时半年，历经层层封锁和重重险阻，成功抢救了800多位文化人士、爱国民主人士和其他人士。而"水源世居"就是这项行动中一个重要的交通中转站。其间，负责建设和管理水源世居的叶家人——叶生华回家乡参加抗日斗争，无偿将这里设为秘密情报交通站，不仅提供交通信息传递的服务，也兼具筹集物资、烧水做饭，接待被营救文人爱国人士的功能。虽然"水源世居"多次受到敌对势力的报复,遭到严重破坏,但叶生华从不屈服,一次次对这里进行了修复与重建,将其功用发挥至最大值,至全国解放。

为了弘扬红色文化,发扬爱国精神,2022年坪山区修复水源世居,在修旧如旧的基础上保留建筑外貌,增设"坪山城市书房",于2021年5月以"东江纵队纪念馆—水源世居"的形式对外开放,并将其列为深圳市第三批党史教育基地。这栋经历了历史洗礼而蕴含了红色基因的古老建筑,继续履行自己的使命。

第二,开展"我爱国学"文化俱乐部系列活动。为了促进社区和谐关系,坪山区石井街道田心社区党委、田心社区党群服务中心特意为社区长者开展了"我爱国学"文化俱乐部系列活动,为广大的田心社区居民及职工提供了一次次近距离接触国学、学习国学文化的机会。

此项目主要面向田心社区18岁以上非深圳户籍外来务工人员及其家属,于2018年5月开展至2018年12月结束,累计服务480人次。项目开展前期先是成立"我爱国学"文化俱乐部,而后开展国学大讲堂、国画、书法、手绘团扇、活字印刷+造纸术、陶艺、茶艺、刺绣等活动,全年共开展了15次以社会主义核心价值观为主题的国学文化活动,为文化长廊提供了部分丰富的展示素材,体现干部、外来务工人员的精神面貌和良好的文化修养。

社区秉承关爱外来务工人员的理念,通过成立以"国学传统文化+社会主义核心价值观"为主题的兴趣俱乐部,加强对外来务工人员的人文关怀和心理疏导。以博大精深的中华文化和社会主义核心价值观对其进行熏陶,提高文化素质,解决外来务工人员素质偏低,思想状况、价值观差异偏大的问题,让外来务工人员真正地从心里感受到温暖,把社区、企业当家,提升外来务工人员对党、对社区的归属感和生活幸福感。

此活动致力于在田心社区打造以"党建+国学传统文化"为主题的文化走廊，以"我爱国学"文化俱乐部为载体，实现党建工作与民生工作"同频共振"，充分发挥社区党委"一线指挥部"领导核心作用。并通过活动精选出的中华民族优秀传统文化为文化展示，以党的思想建设、组织建设、作风建设为文化展示的立体党建文化中心，从而为社区辖区全体干部职工、居民群众搭建了一个融合优秀传统文化、党建、兴趣爱好为一体的开放式党建学习平台。

第三，开展客家风俗艺术传承活动。客家人作为移居他乡的群体，在一脉山水间形成了自己独特的文化。深圳坪山区靠近惠州，在传统文化版图中属于客家文化圈。

为了更好地贯彻落实习近平总书记"党的领导是社会主义文艺发展的根本保证"的指导方针，石井街道办事处、金龟社区工作站、金龟社区党群服务中心在2022年9月，联合开展了系列客家风俗艺术传承活动。此次活动包括两个部分，其一是在社区开展客家山歌培训和舞蹈培训，让居民利用业余时间亲身感受和学习客家文化。其二是在金龟社区广场举办客家风俗艺术传承展演，通过舞龙、客家五句板、客家民歌等多项具有鲜明特色的节目，让社区居民从多个维度熟知客家文化。金龟社区居民踊跃上台演出，展示培训成果，增强社区居民对此次活动的参与感，让居民乐于继承和发扬优秀的客家文化，建立文化自信。

第四，建设新时代文明实践所。2018年7月6日，习近平总书记主持召开中央全面深化改革委员会第三次会议并发表重要讲话。会议强调，建设新时代文明实践中心，是深入宣传习近平新时代中国特色社会主义思想的一个重要载体，要着眼于凝聚群众、引导群众，以文化人、成风化俗，调动各方力量，整合各种资源，创新方式方法，用中国特色社会主义文化、社会主义思想道德牢牢占领农村思想文化阵地，动员和激励广大农村群众积极投身社会主义现代化建设。

为深入贯彻习近平总书记在中央全面深化改革委员会第三次会议上发表的重要讲话精神，2022年6月，坪山区新时代文明实践中心和4个街道11个所（站）集中揭牌。石井街道整合社区党建、综治、退役军人服务、基层公共文化服务等资源，构建"1+4+N"（1个街道新时代文明实践所、4个社区新时代文明实践站，以及石井蓝领驿家、石井简阅书吧、金龟自然书房、东江纵队"水源世居"纪念馆、坪山区"不忘初心、牢记使命"主题教育馆、暖蜂驿站等N个新时代文明实践点）文明实践阵地矩阵，打造"阵地共建、资源共享、活动共联、队伍共育"的文明实践综合体，广泛开展一系列有温度、接地气、聚人气的文明实践活动，打通宣传群众、教育群众、关心群众、服务群众的"最后一公里"，为市民提供最优质、最贴心的服务，为创新坪山发展增添了浓厚的文明底蕴，让辖区居民群众的获得感成色更足、幸福感更可持续、安全感更有保障。

第五，建设长青老龄大学。为推动老年教育工作高质量发展、丰富老同志精神文化生活、构建终身教育体系，石井街道及所属各社区长青老龄大学均已开班授课。

石井街道长青老龄大学自开办以来，按照"党委领导、政府主导、社会参与、全民行动"的教学方针办学，提出"增长知识、幸福生活、陶冶情操、促进健康、服务社会"的办学宗旨，以"明德、至善、好学、乐群"作为校训，努力办好老龄大学，服务好街道的老年朋友，让他们不出街道、不出社区，在自己身边就能做到"老有所学""老有所乐""老有所为"，切实提高了街道老年人的满足感、获得感及幸福感。

老年朋友们在长青老龄大学可以活到老，学到老；可以求知、求健、求美、交友；还可以开展形式多样、丰富多彩的文化活动。据悉，仅2021学年，石井街道长青老龄大学五个校区同时开课，开设思政课、书法课、舞蹈课、太极班、手工班、实践课等 10 多门课程，结合讲党史、唱红歌等开展教学活动，讲授 160 个课时，参与老人达 1890 人次。

第六，建设社区治理学院。田头社区党委在社区党校工作框架下，成立社区治理学院，邀请高校教师、社区能人等，为社会工作者、义工骨干、热心居民进行培训，提升居民参与社区议事、社区服务、社区建设的能力。

2021 年 9 月成立至今，社会治理学院举办各类讲座、培训、论坛等活动 96 场次，在其影响下，成功推动社区妇女议事会、儿童议事会及小区居民议事会等社群议事会的成立，推动社区各志愿服务队的蓬勃发展，使社区各项工作在群众的参与下有声有色地开展，很好地提升了小区治理水平。

本章小结

本章把新时代现代化的街道办治理体系的研究引入对文化的研究，重点研究街道办如何把文化力量转化为文化品牌，研究文化元素在街道办治理中的应用，从与文化结合的视角研究提高街道办治理能力的方法与措施。

治理体系与治理能力现代化，归根到底是人的现代化。坚持以人为中心，把人民对美好生活的追求作为街道办治理的核心，不断提高为人民服务的水平，就要提高街道办队伍的整体文化素质。只有打造高素质、有文化的街道办队伍，才能更好地为人民服务。以依法治理为例，依法治理最终要面对人，是与人打交道的过程。只有全面深刻认识依法治国的精髓，熟悉相关的法律法规，掌握依法治理方法与技巧，才能在实际工作中以法律为准绳，以事实为依据，把法律的原则性与实际工作中的灵活性有机结合起来，说服群众，求同存异，解决矛盾，推动发展。

另外，居民只有不断提高文化素质，才能自觉在坚持中国特色社会主义道路的基础上，从中华优秀传统文化中吸取治国理政的精神财富，在街道办治理过程中让群众感受坚持马克思主义中国化时代化的魅力，认识到推动马克思主义与中国具体实际相结合、与中国优秀传统文化相结合的必要性与重要性。这样的结合，其实就是从街道办治理的环节以"润物细无声"的方式宣传了党的二十大精神，推动了依法治国与以德治国的结合。

石井街道办在治理过程中非常重视发挥文化的力量，重视把文化力量转化为文化品牌，针对群众的需求提供文化服务、文化产品。

第六章

石井街道办治理现代化的标准与规律

推进国家治理体系和治理能力现代化，努力实现国家各项工作法治化，各项事务制度化、规范化、程序化，相互衔接、相互协同，加快形成完备的法律规范体系、高效的法治实施体系、严密的法治监督体系、有力的法治保障体系，加快形成完善的党内法规体系。现代化有另外两种表述：第一，现代化就是法治化；第二，现代化就是标准化。法治是与人治相对应的，法治强调依法治理，依法行政，要求有法可依，执法必严，违法必究。法治化的治理过程，换一种表述就是标准化的治理过程。从这个视角研究街道办治理现代化，我们认为街道办治理现代化是有标准可循，有规律可言的。

第一节 街道办现代化治理的标准

一、"党建+基层"治理统一化

治国安邦，重在基层；管党治党，重在基础。中国社会治理体制中的党委领导决定了治理的实践品质，它以党建引领为政治宣示与实践开展。习近平总书记强调，要以提升政治功能和组织力为重点，在强基础、补短板上下功夫，把基层党组织建设成为宣传党的主张、贯彻党的决定、领导街道办治理、团结动员群众、推动改革发展的坚强战斗堡垒。作为基层党建工作的重要领域,石井街道办始终坚持"有人群的地方就有党的工作,有党员的地方就有党的组织,有党组织的地方就有党的活动,有党的活动的地方就有党的作用的发挥"这一共同基层党建逻辑,不断地进行探索和创新。

石井街道办治理样本强调两种机制建设。第一,构建发挥党员先锋模范作用的基层党群联系机制。

党建工作品牌是指具有一定的导向示范、在群众中享有较高声誉的党建精品工程,党建品牌所覆盖的范围包括党建活动、党建工作方法、党建工作机制、党建工作样本。党建工作品牌建设充分体现了党组织以完成党建中心任务与目标为核心,以提高党的长期执政能力为主线,运用品牌管理的理念,结合基层党建工作的实际情况,探索符合新时代特点的党建工作新方法、党群服务新路径。

如上三者相互联系、相得益彰,构成一个整体。其中,街道办治理机制是基础,对街道办治理机制的提炼、总结形成街道办治理样本,以党的群众路线为指导,以党建引领街道办治理为核心,不断提高街道办治理能力,切实改进街道办治理方法,就会在群众心中"植入"党建工作品牌,从而让更多的基层群众进一步了解、认同党的路线方针政策,坚定跟党走的决心、信心、恒心,从而卓有成效地开展新时期基层党建工作,符合"行得通、真管用、有效率"的国家街道办治理效能的实现机制。

第二,构建让党建触角延伸至基层各个角落的"党建+街道办治理"机制。把党的领导核心作用转变为街道办治理一系列具体而微的现实场景。石井街道由乱到治、破茧化蝶的历程,对于创新街道办治理、走出一条符合超大城市特点和规律的党建引领街道办治理新路,无疑具有重要意义。

图 6-1 "三位一体"的关系

二、"街道+社区"人员一体化

善于组织调动人力资源，"街道办全员参与"的领导与人事安排机制。党的力量来自组织，组织能使力量倍增。街道办治理面对最广大的群体、最复杂的矛盾、最具体的问题，治理任务最多最重。因此，习近平总书记一再强调，要坚持重心下移、力量下沉。石井街道办全员参与，这是石井党建引领街道办治理的特点之一，有利于上级克服信息不对称、监督不力等难题，也是依靠群众化解矛盾的经验禀赋，实现从社会治安经验、维稳经验向社会治理经验的继替发展，成为国家和社会治理的重要资源。石井街道办治理样本重视人力资源合理配置，以及机制建设。

第一，街道办人力资源配置下沉到社区。近年来，石井街道办牢固树立大抓基层的鲜明导向，推动资源、管理、服务向基层倾斜、下沉。能够自上而下地形成一种特殊的"条条"关系，从而使上级具备自己专属的信息"搜集器"和信息传输渠道，进而避免信息过滤现象，减少下级利用信息不对称的优势对上级机构的"俘获"行为，这有助于街道办及时准确地掌握社区的实际状态以及贯彻落实上级政策、指示，以便进行适时"纠偏"，从而维护整个街道办治理体系的健康运行。

街道办所有员工的工作下沉到社区，以低成本的组织设计和制度创新来增强街道办治理的有效性，在拓展街道办治理形式，延伸街道办治理的有效幅度的同时，进而提高街道办治理的灵活性与适应性，成为一项增强街道办治理便利性与有效性的"理想"工具。从一定意义上讲，街道办所有员工的工作下沉到社区是在不改变制度层级、不"伤筋动骨"的前提下，改善和创新街道办治理方式，增强街道办治理分散化和有效性的组织工具。

第二，构建支撑人力资源配置下沉到社区的工作机制。"任何现代政府，即使是最小的政府机构，都不是在一个地方处理它所有的事务。"由于国情的特殊性，中国治理在实际运行中有很多独创性、内在性的内容与逻辑有待系统挖掘。基于推进街道办治理现代化的历史场域，我们需要进一步挖掘街道办治理独特的动作逻辑，规范各种街道办治理管理体制，优化街道办治理的作用发挥，同时拓展其在区域治理、城乡治理等方面的功能空间，从而形成中国特色且富有成效的街道办治理机制，使其更好地嵌入中国国家治理体系和治理能力的现代化过程。

石井街道办推行党组织引领下的街道办治理"四会"模式，让居民自己人解决自己事，做到"小事不出小区、难事不出社区、大事不出街道"。建成"一站式"公共服务平台、便民服务网点，将更多民生事务纳入受理服务范围，积极推行"三延"服务模式，形成了"逢四说事""相约星期四"等一批叫得响、立得住、可推广的工作经验。

从小马拉大车到大马拉大车，从资源不足、力量分散到资源聚集、机智灵活、上下联动，力量下沉、管理下沉、服务下沉，为街道办治理提供了有力保障。

三、"问题+解决"服务流程化

"服务导向+问题导向+群众导向"指导基层服务。社会治理是一门科学，加强和创新社会治理，必须不断改进社会治理方式。习近平总书记一再强调，党的工作最坚实的力量支撑在基层，最突出的矛盾和问题也在基层，必须把抓基层、打基础作为长远之计和固本之策。街道办治理体现出人民本位、秩序优先、良性互动、科技应用等特征与诉求，更是依靠群众就地化解矛盾，聚焦基层群众的基本需求，不回避街道办治理的矛盾与问题。石井街道办治理样本强调规范化、人性化、普及化的结合。

第一，解决问题规范化。坚持依法治国，坚持依法解决问题，解决问题的过程也是普法过程。石井街道"街社一体"的治理模式通过对街道明责、赋权、增能、减负，从最基本的问题抓起，让街道党工委聚集抓党建、抓治理、抓服务的主责主业，不断织密、建强党的组织体系，确保党的全面领导"一根铜钎插到底"。

第二，解决问题人性化。加强和创新街道办治理的核心是人。党建引领街道办治理的根本目的是维护人民的根本利益，它体现的是街道办治理的根本价值取向。坚持群众利益至上，将党密切联系群众的优良传统与作风落实到街道办治理中，领导干部在平时主动与群众交朋友，建立"一对多"的联系制度，一旦出现问题，首先平时良好的党群关系就为解决问题营造了良好的氛围。

第三，解决问题广泛化。街道办治理考验的是"真功夫"。一方面，不断拓展服务载体，拓宽服务领域，对于"踢皮球，打太极，和稀泥"的官僚作风坚决说"不"；另一方面，以"问题为导向"，解决群众迫切需要解决的问题，这不仅要求有面对问题的勇气，而且要求有解决问题的方法。

四、"网络+面对面"沟通双轨化

"面对面"交流沟通的基层民主与协商民主机制。习近平总书记指出：社会治理是一门科学，管得太死，一潭死水不行；管得太松，波涛汹涌也不行。要讲究辩证法，处理好活力和秩序的关系。当今社会，网络无处不在,"互联网+"已经深入每一个角度,"互联网+"街道办治理也发挥着不可替代的作用;但是,石井街道办在街道办治理的实践中却探索出一条行之有效的路径,那就是"面对面"的治理样本。

第一,"面对面"的工作方式体现了党的群众路线。群众路线是我们党的根本工作路线和生命线,党的群众路线在新时代仍然具有强大的生命力。石井街道办充分发挥党员作用,组建扶贫帮困、治安维稳、环境保护、保健卫生等共建志愿服务队伍,按照"党内带党外,党员带群众"的思路,街道办党员干部深入基层,与群众建立良好的关系。

第二,"面对面"的工作方式体现了以德治国的价值取向。2016年12月10日,习近平总书记在中共中央政治局第三十七次集体学习时强调,坚持依法治国和以德治国相结合,推进国家治理体系和治理能力现代化。以德治国就要强调以人为本,强调要深入群众,注重与群众的交流沟通,倾听群众的呼声,解决群众的需求。街道办治理不能仅仅依靠现代化的手段,"互联网+"不可能包治百病。治理的过程是价值理性和事实理性统一的过程,是手段与目的统一的过程。各种治理方法和手段运用的是为了更好地实现治理的价值诉求。因此,推进治理现代化不仅要创新各种方式方法,更要用心用情,要切切实实地扎根群众,服务群众。

五、"共建+共享"主体多元化

"政府、社会、市场多元主体参与"的共建、共享机制。整体提升党建质量和水平,把党的组织和职能嵌入城市基层社会每一个细胞,街道办治理就有了核心力量、根本支撑。在任何一个街道办、社区,都有政府、市场和社会组织三种服务主体,它们应该履行各自的职责,将各种治理主体有效整合,发挥各自的优势,互相补充,把解决实际问题作为打开工作局面的突破口。石井街道办治理样本就十分强调服务导向。

第一,"以服务为导向"要求政府牵头调动社会力量参与街道办治理。街道办治理的成功与否,在很大程度上取决于街道办治理是否能够构建"全民性,共建性,共享性"。所谓全民性,是指街道办治理需要全民参与,各方力量参与,仅靠政府的力量是不足够、不充分、不全面的。所谓共建性,是指街道办治理要搭建多元参与的共治平台,这个平台是多元化的"意见汇集平台,利益平衡平台,方案选择平台"。所谓共享性,是指治理的成果由各方共享,这个成果不仅是指物质的成果,而且是指公共精神、公共价值、公共制度、公共文化等精神领域的成果。

一般来说,凡是涉及绝大多数居民的普遍性、基本性服务需求的,地方和基层政府应尽量将之纳入公共服务范畴,由政府公共财政予以保障。凡是社区居民的那些与市场服务主体缔结过市场契约的服务需求,以及社区居民的那些个性化但成本较高的服务需求,则应由相应的市场主体来提供服务,像有专门物业公司的社区,当地居民群众日常生活中所遇到的路灯不亮、排污水管不通、车位不多等问题应找相应的市场主体来解决。至于社会组织服务,则主要是满足社区居民那些既未纳入政府公共服务范围又没有明确约定该由哪家市场主体来承担,或者虽然可寻求市场解决但成本较高、不够便捷的服务需求。

第二,"以服务为导向"要求传统的自上而下单边治理,形成了"政府,社会力量,市场主体,群众个体"多元共治的多边互动治理样本。这种治理样本既能达到展示党员先进性、凝聚居民人心、弘扬志愿精神等效果,又不带来越位服务、破坏公平等负面效应。另外,政府的作用不仅未被削弱,而且得到了加强,政府的引领作用、平衡作用、裁决作用得到了凸显。从这个角度看,党的领导不是被削弱了,而是加强了,而且是切实通过街道办治理得到了加强,进而实现石井街道"街社一体"这一典型经验的延续与长青。

党建引领街道办治理，不能大包大揽，而是要激发社会治理活力，建成人人有责、人人尽责、人人享有的社会治理共同体，不断为街道办治理夯实基础，注入动能。

第二节　街道办治理现代化的规律

石井街道办在党建引领街道办治理过程中积极探索，逐步形成并建立了一套行之有效的街道办治理体系与机制，这套基层机制体系与机制的主要特色是"基层政府引领，多元主体参与"的治理体系与机制，这也就是街道办治理现代化的规律，主要体现在如下五个维度上。

一、遵循治理顶层设计规律

石井街道立足自身实际，围绕中心，服务大局，在长期的治理实践中，逐渐探索出了以"党建引领+科技赋能+街社一体"为核心的治理模式，为推进新时代街道治理现代化提供了可借鉴的经验和方法。

石井街道办按照区委区政府的指示与部署，积极探索党建引领街道办治理的机制，构建党建统领街道办治理的大格局，针对街道办治理中遇到的具体问题、日常问题、突出问题，建立健全相应的领导体制和工作机制，从制度与机制上将"党建引领"细化到规章制度、考核评估以及日常工作中。石井街道办治理样本围绕两个核心展开。

第一个核心是围绕全面加强党的领导。中国共产党是党和国家事业的坚强领导核心，是中国特色社会主义的最本质特征，是中国特色社会主义制度的最大优势。历史和现实都告诉我们，坚持党的领导是党和国家的根本所在、命脉所在，是中国人民和中华民族的利益所系、命运所系。正是因为始终坚持党的集中统一领导，我们才能实现伟大历史转折、开启改革开放新时期和中华民族伟大复兴新征程,才能成功应对一系列重大风险挑战。1962年1月30日,毛泽东在扩大的中央工作会议上指出:"工、农、商、学、兵、政、党这七个方面,党是领导一切的。党要领导工业、农业、商业、文化教育、军队和政府。""中国共产党是全中国人民的领导核心。没有这样一个核心,社会主义事业就不能胜利。"① 邓小平同志也强调,"任何一个领导集体都要有一个核心,没有核心的领导是靠不住的"②。

在中国这样的大国,要把几亿人口的思想和力量统一起来建设社会主义,没有一个由具有高度觉悟性、纪律性和自我牺牲精神的党员组成的能够真正代表和团结人民群众的党,没有这样一个党的统一领导,是不可能设想的,那就只会四分五裂,一事无成。这是全国各族人民在长期的奋斗实践中深刻认识到的真理。2017年10月18日,习近平在中国共产党第十九次全国代表大会上的报告中指出:"坚持党对一切工作的领导。党政军民学,东西南北中,党是领导一切的。"必须增强政治意识、大局意识、核心意识、看齐意识,自觉维护党中央权威和集中统一领导,自觉在思想上政治上行动上同党中央保持高度一致,完善坚持党的领导的体制机制,坚持稳中求进工作总基调,统筹推进"五位一体"总体布局,协调推进"四个全面"战略布局,提高党把方向、谋大局、定政策、促改革的能力和定力,确保党始终总揽全局、协调各方。

坚持东西南北中,党是领导一切的,就必须一方面树牢"四个意识",坚定"四个自信",坚决做到"两个维护";另一方面将党"总揽全局,协调各方"的顶层设计落实到具体的、细微的、基层的工作中,让党的路线方针政策惠及普通民众,从而夯实党的群众基础,进一步增强向心力、凝聚力。

---

① 中共中央文献研究室. 毛泽东文集:第七卷 [M]. 北京:人民出版社,1999:303.
② 邓小平. 邓小平文选:第三卷 [M]. 北京:人民出版社,1993:310.

第二个核心是围绕人民至上。作为以马克思主义为指导建立的政党，人民至上是中国共产党的根本价值立场。共产党除了人民利益没有自己的特殊利益。在谈到共产党人与无产者的关系时，马克思和恩格斯在《共产党宣言》中明确指出："他们没有同整个无产阶级的利益不同的利益。"① 在谈到共产党与其他无产阶级政党的不同时，马克思和恩格斯在《共产党宣言》再次强调："一方面，在无产者不同的民族的斗争中，共产党人强调和坚持整个无产阶级共同的不分民族的利益；另一方面，在无产阶级和资产阶级的斗争所经历的各个发展阶段上，共产党始终代表整个运动的利益。"② 为实现人民的根本利益，可以牺牲自己的一切，甚至不惜牺牲生命，这就是共产党人的人生观和价值观。

中国共产党始终代表中国最广大人民的根本利益，没有任何自己特殊的利益，从来不代表任何利益集团、任何权势团体、任何特权阶层的利益，这是党立于不败之地的根本所在。我们党自成立之日起，就把坚持人民利益高于一切鲜明地写在自己的旗帜上，把全心全意为人民服务作为根本宗旨。

中国共产党的初心和使命，就是为中国人民谋幸福、为中华民族谋复兴。一切为了人民、一切依靠人民，坚持和贯彻党的群众路线，同人民群众保持血肉联系。不忘初心，始终坚持人民至上，以人民对美好生活的向往作为街道办治理工作的奋斗目标。在街道办治理过程中，我们要始终明确"治理为了谁、治理依靠谁"，要始终把为人民群众谋福祉作为至高价值追求，时刻把人民群众放在心上，准确了解人民群众所思、所盼、所忧、所急，把群众工作做实、做深、做细、做透，不断满

---

① 中共中央马克思恩格斯列宁斯大林著作编译局.马克思恩格斯选集：第1卷［M］.北京：人民出版社，2012：413.
② 中共中央马克思恩格斯列宁斯大林著作编译局.马克思恩格斯选集：第1卷［M］.北京：人民出版社，2012：413.

足人民群众对美好生活的需要。

1927年9月29日至10月3日，毛泽东在江西永新县三湾村，领导了举世闻名的"三湾改编"，提出了"支部建在连队"的著名论断，从政治上组织上保证了党对军队的绝对领导，从而提升了军队的组织力、凝聚力、战斗力。同样，石井街道办用党建引领街道办治理，就是在新时代对基层党建工作的积极探索。

二、遵循治理组织架构规律

"正确的政治路线确定之后，干部就是决定的因素。"① 毛泽东的这个著名论断，从坚持和加强党的领导出发，把组织工作与干部问题提到战略高度。同样的道理，基层机制的制度体系与机制建立之后，决定性因素就是组织体系与机制，而其中发挥关键作用的是干部，特别是领导干部。石井街道办治理样本有两大特色。

第一，领导干部发挥带头作用。领导干部如同"领头羊"，身先士卒，就能够带动一大批，影响一大批；反之，没有"自上而下"强有力的领导力、推动力、执行力，制度体系与机制就是挂在墙上供人参观的摆设。石井街道办在党建引领街道办治理的过程中，领导干部始终走在前列，深入基层，充分发挥了先锋带头作用。

第二，建立"责权结合，权随责走"的机制。石井街道办确定了具体部门、具体人员下沉到社区的组织体系，并建立"责权结合，权随责走"的机制，从组织体系与机制上确定了"党建引领，街社结合"的治理机制。

三、遵循治理运行机制规律

在街道办治理的运行体系与机制上，一方面突出党组织的领导核心

---

① 中共中央文献研究室. 毛泽东选集：第二卷［M］. 北京：人民出版社，1991：526.

地位，细化党的群众路线，健全党组织领导下的民主协商机制；另一方面将党对一切工作的领导与党领导、支持群众参与"共建、共治、共享"结合起来，创造性地探索一个基层有效治理的道路。

石井街道办在所辖范围设立了多个党群服务站，党群服务站服务的范围广泛、针对所辖范围群众提出的任何问题，积极解决群众生活中遇到的具体、突发、实际问题，调解群众间的纠纷，将以德治国落实到街道办治理的具体工作中，推动"共建事项联议，社会治理联抓，文化活动联办，为民服务联做"，从制度上构建街道办治理的共建运行体系与机制。

"纵横联通"增强党建引领力。以提升基层组织战斗力为基础，增强党建引领街道办治理的牵引力，石井街道办治理样本突出三大特色。

第一，区级联动，确保"齐抓共管"。石井街道办统筹组织、宣传、政法、民政等部门联合调研，将多项民生服务进社区重点任务纳入台账管理，建立"周报表、月联席、季通报、随机问效"的工作制度，利用书记领办党建项目推动解决街道办治理难题，构建党工委紧盯、组织牵头、社区联动、齐抓共管的街道办治理工作机制。

第二，纵向延伸，丰富"毛细血管"。全面完成"社区升党委、小区建支部"，把街道办全体工作人员下沉到每个社区并选入社区党委班子，新吸纳社区党员骨干，充实社区党支部班子，构建"街道党工委、社区党委、小区党支部、党员中心户"四级组织体系。

第三，横向打通，打造"红色引擎"。在街道实现"红色引擎"党建联盟全覆盖，多家企业、多个单位和"两新"组织组成一个大家庭，多家联盟单位负责人担任街道党工委兼职委员，通过"多方联席会""现场破题会"等形式，为社区党组织加强街道办治理、落实惠民举措输入"强劲动力"。

四、遵循治理保障机制规律

街道办治理不能"春夏秋冬",要始终如一,始终让群众感受到春天般的温暖,感受到党的关心。因此,建立有效的保障体系与机制至关重要。

为全力满足人民对美好生活的向往,石井街道办以解决群众身边急事难事烦心事为重点,积极创新服务载体,推进服务特色化、精准化。要想建立有效的保障体系与机制,首先需要建立有效的领导保障体系与机制,其次需要建立有效的干部保障体系与机制。石井街道办治理样本紧盯三个核心。

第一,紧盯需求,创新"服务平台"。针对群众"服务零距离"的需求,加快"红色驿站"等党建服务平台建设,并加速"三社联动"在街道的试点推广。针对"守初心、担使命、找差距、抓落实"的总要求,开展党性教育、民族团结、崇礼尚德、典型报告等方面主题宣讲,让党员群众对初心使命入脑入心。

第二,紧贴实际,打造"特色品牌"。在社区建设"红色驿站",深化典型工作法,探索多种服务零距离模式,以及以"多彩党建"为特色,"一庭院一特色"吸引群众走进邻里之家。推行民生事务"首席服务官"制度,社区党组织班子成员牵头做好舆情采集和问题协调服务。

第三,紧扣主题,打通"堵点难点"。以"不忘初心、牢记使命"主题教育为"攻坚利器",全力实施"三大行动",街道班子带头践行,多家单位跟进落实,迅速整改问题。采取"党建+项目"模式,由街道办领导带队驻扎项目一线,成立项目党支部挂图作战,问题解决率和群众满意率有效提升。

五、遵循治理评价反馈规律

实践是检验真理的唯一标准。从群众中来，还要到群众中去。因此，重视评价体系与机制建设，这是党建引领街道办治理的重中之重。石井街道办治理样本重视群众意见，强调科学决策。

第一，重视广泛收集群众的建议。石井街道办在街道办治理过程中，重视收集群众的建议，不断提高街道办治理的针对性、有效性。

第二，重视对反馈信息科学分析。将党建引领街道办治理划分为相互有机衔接的不同环节，对每个不同环节均按照"执行—反馈—调整提高—再执行"的信息反馈流程，并将信息反馈流程提高到保障体系与机制建设的高度，不断提高街道办治理的水平，不断健全街道办治理的体系。

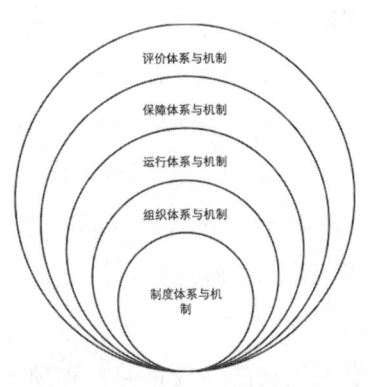

图 6-2 社会治理体系与机制

习近平总书记指出："党的力量来自组织，组织能使力量倍增。"[1]创新街道办治理体制，必须把资源、服务、管理放到基层，把街道办治理同基层党建结合起来。新时代，立足实际，不断探索践行更有力量的

---

[1] 习近平. 习近平谈治国理政［M］. 北京：外文出版社，2014：395.

基层党建，创新完美更有实效的街道办治理，就一定能做好强基固本筑堡垒的基层党建工作。

本章小结

本章主要探讨了街道办现代化治理是否有标准与规律的问题。街道办治理现代化是否有标准？是否有规律？如果没有标准，就无法借鉴学习；如果没有规律，就无法提供示范。

一方面，街道办治理既要坚持实事求是，坚持结合各自的具体情况，针对涌现的新问题，不断探索街道办治理的创新与法治；另一方面，正是由于现代化有标准与规律可循，因此推动包括街道办在内治理体系与治理能力现代化的过程，是有标准与规律可循的。

街道办治理现代化可以概括为五大标准："党建+基层"治理统一化，"街道+社区"人员一体化，"问题+解决"服务流程化，"网络+面对面"沟通双轨化，"共建+共享"主题多元化。

街道办治理现代化可以概括为五大规律：遵循治理顶层设计规律，遵循治理组织架构规律，遵循治理运行机制规律，遵循治理保障机制规律，遵循治理评价反馈规律。

街道办的治理体系现代化的终极目标是实现人的现代化，是能够实现人的全面发展的现代化。所谓人的全面发展，核心是指人的能力与素质的现代化，以及人的四大类不同需求实现现代化。即第一类吃、穿、住、行、用等物质需求；第二类快乐、情感、安全、尊重、理想等精神需求；第三类健康、学习、就业等成长需求；第四类生存权、发展权、财产权、平等权等权利需求。因此，强调"人的全面发展"，坚持以人民为中心的发展思想，是化解社会主要矛盾的必然要求，也是街道办推进治理体系现代化的终极标准与发展规律。

参考文献

[1] 俞可平. 论国家治理现代化 [M]. 北京：社会科学文献出版社，2014.

[2] 张文显. 良法善治：民主法治与国家治理 [M]. 北京：法律出版社，2015.

[3] 孟祥辉. 街道办改革与社区居民自治 [M]. 北京：北京大学出版社，2012.

[4] 田先红. 治理基层中国 [M]. 北京：社会科学文献出版社，2012.

[5] 赖明明，王宜科. 和职工朋友谈谈中国智慧 [M]. 北京：中国工人出版社，2020.

[6] 赖明明. 新中国70年向世界贡献了什么——中国智慧 [M]. 天津：天津人民出版社，2019.

[7] 黄卫平，丁凯，黄剑，等. 小康之后 [M]. 南京：江苏人民出版社，2018.

[8] 董振华. 胜任 [M]. 北京：国家行政管理出版社，2021.

[9] 董振华. 中国特色社会主义为世界贡献了什么 [M]. 郑州：文心出版社，2021.

[10] 董振华. 底线——着力防范化解重大风险 [M]. 北京：中

央党校出版社，2020.

[11] 周尚君. 在法治轨道上推进国家治理体系和治理能力现代化[J]. 现代法学，2021，43（1）.

[12] 杨静光，马莉. 国家治理体系和治理能力现代化的制度效率[J]. 理论与改革，2015（5）.

[13] 张树华，王阳亮. 制度，体制与机制：对国家治理体系的系统分析[J]. 管理世界，2022，38（1）.

[14] 郭宏彬，白谨豪. 党的领导是国家治理现代化的政治保证[J]. 人民论坛，2021（30）.

[15] 王放，姚敏. 新形势下提升数字治理能力的有效路径[J]. 人民论坛，2021（18）.

[16] 姜晓萍. 国家治理现代化进程中的社会治理体制创新[J]. 中国行政管理，2014（2）.

[17] 张爱艾. 中国共产党引领基层治理提升组织力的创新路径探索[J]. 西南民族大学学报（人文社会科学版），2021，42（9）.

[18] 邓善凤. 现代化视域下超大型城市基层党建模式创新研究——以深圳市罗湖区为例[J]. 岭南学刊，2021（4）.

[19] 雷健坤. 推进基层治理现代化要把握好"三个坚持"[J]. 国家治理，2022（19）.

[20] 颜昌武，叶倩恩. "双向运动"视角下城市街居体制的变革路径与走向——基于G市A街道办事处的纵向考察[J]. 理论学刊，2021（5）.

[21] 张雪霖. 街居治理共同体：街道办事处改革的新方向与路径[J]. 城市问题，2021（1）.

[22] 赵金旭，赵德兴. 热线问政驱动社会治理范式创新的内在机理[J]. 北京社会科学，2022（2）.

[23] 李凤亮, 刘晓菲. 全球文化创新资源集聚与深圳城市文明典范构建 [J]. 特区实践与理论, 2021 (5).

[24] 李凤亮, 潘道远. 我国文化产业创新的制度环境及优化路径 [J]. 2017 (3).

[25] 李凤亮, 宗祖盼. 文化与科技融合创新: 演进机理与历史语境 [J]. 2016 (4).

[26] 吴松营. 深圳精神文明建设的回顾与展望 [J]. 特区实践与理论, 2020 (2).

[27] 邓红丽. 打造基层治理创新实践的"马田样本"实现共建共治共享新格局——深圳市光明区马田街道办事处基层治理掠影 [J]. 特区经济, 2019 (10).

[28] 林晓兰, 叶淑静. 社区自治与共治的模式整合及其优化路径——以苏州市山池街道为例 [J]. 学习与实践, 2021 (12).

[29] 陈仲, 郭轶博. 面向城市治理的老城区街道更新设计——以北京市东四南北大街为例 [J]. 城市交通, 2022 (4).

[30] 司马晓, 赵广英, 李晨. 深圳社区规划治理体系的改善途径研究 [J]. 城市规划, 2020, 44 (7).

[31] 许柏扬. 信息"智能"推动城市治理现代化 [J]. 产业创新研究, 2021 (14).

[32] 陈文, 段召. 深圳城市治理的三种模式研究 [J]. 城市观察, 2021 (1).

[33] 叶林, 邓睿彬. 超大城市社会治理数据化的适应性转型——以深圳市南山区"块数据"治理为例 [J]. 华南师范大学学报 (社会科学版), 2022 (4).

[34] 韩永辉, 张帆, 梁晓君. 深圳打造全球标杆城市的现状、挑战及对策分析 [J]. 城市观察, 2021 (2).

[35] 蔡之兵. 建设中国特色社会主义先行示范区的政策创新——深圳践行新使命的路径探索 [J]. 开放导报, 2020 (4).

[36] 李晓琳, 聂新伟, 卢伟. 推动深圳打造全球标杆城市 [J]. 宏观经济管理, 2021 (4).

[37] 何立峰. 支持深圳加快建设中国特色社会主义先行示范区 努力创建社会主义现代化强国的城市范例 [J]. 宏观经济管理, 2019 (11).

后　记

党的二十大报告指出："从现在起，中国共产党的中心任务就是团结带领全国各族人民全面建成社会主义现代化强国、实现第二个百年奋斗目标，以中国式现代化全面推进中华民族伟大复兴。"新时代新征程，我们的使命更加光荣，挑战也更加严峻。这就需要我们必须加快推进国家治理现代化，助力实现全面建成社会主义现代化强国、实现中华民族伟大复兴。推进城市街道治理现代化是实现国家治理现代化的必然选择和题中之义。当前，全国诸多城市都在积极探索街道治理现代化的路径和模式，而深圳作为中国特色社会主义先行示范区，对其治理经验的充分挖掘和总结无疑更具有典型意义。在调研过程中，我们发现，这几年来深圳坪山区石井街道逐渐探索出诸多行之有效的治理模式、方法和机制，为此，我们选取了石井街道作为样本，以期在充分调研、总结提升的基础上，提炼出具有普遍性意义的可资借鉴的模式和方法，为新时代推进城市街道治理现代化提供一定参考。这便是撰写本书的意义所在。

本书由深圳技术大学马克思主义学院（人文社科学院）教授赖明明、讲师谷耀宝共同完成。在写作过程中，我们也广泛听取了各方面专家学者的意见和建议，他们从材料的选择、研究的角度、思路等方面提出了许多宝贵的意见。我们要特别感谢石井街道办事处给予大力支持，提供了许多宝贵的第一手资料与信息；特别感谢中共中央党校教授、博士生导师、全国应用哲学研究会会长董振华，中国人民大学经济学院教授、博士生导师黄卫平，中国人民大学经济学院教授、博士生导师、中国宏观经济管理教育学会会长刘瑞教授，中国人民大学经济学院教授、哈工大（深圳）马克思主义学院创始院长杨志，中山大学政治与公共事务管理学院岳经纶教授，深圳大学马院王双印教授，深圳北理莫斯科大学马院郭正林教授的指导。另外，我们也参考了中央以及地方的一些相关文件、各主流媒体的一些相关报道，参加了多场学术研讨会。特别需要感谢的是南方科技大学举行的"全球城市文明典范研究院成立仪式暨人类文明新形态与城市文明典范学术研讨会"，研讨会吹响了深圳创建城市文明典范的号角，鼓励了对作为中国特色社会主义先行示范区深圳的街道办治理体系现代化的深入研究。街道办治理是城市治理的基层环节，创建城市文明典范离不开街道办文明典范建设。南方科技大学人文社会科学学院科研副教授陈能军、深圳坪山街道党工委委员刘小虎一直鼓励并对本书写作给予了具体指导，深圳技术大学谷志远助理教授参与第三章的写作。深圳技术大学城市交通与物流学院 2020 级陈煜琪同学参与本书的校对，深圳技术大学创意设计学院 2021 级环境设计专业陈丽君同学参与书中图表的设计工作，对于中国人民大学经济学院周友刚博士、李志云博士、蔡志刚博士的帮助，在这里一并致谢！

本课题在写作与调研中，得到了深圳市坪山区石井街道办的大力协助与支持，是深圳市坪山区石井街道办《党建引领基层治理课题研究》项目的阶段性成果。

最后我们诚恳地指出，本书作为一本研究新时代城市街道治理现代化的探索性著作，涉及领域相对新颖，需要相当深厚的理论功底和坚实的实践基础作为支撑，而我们的水平和能力有限，不当之处在所难免，我们恳请广大读者和有关专家不吝指教！

赖明明　谷耀宝
2022 年 12 月于深圳技术大学